中阿文化交流发展报告

(2018)

王　辉／主编
周　雪／副主编

ANNUAL REPORT ON DEVELOPMENT OF
SINO-ARAB CULTURAL COMMUNICATION (2018)

社会科学文献出版社
SOCIAL SCIENCES ACADEMIC PRESS (CHINA)

主编简介

王　辉　中国传媒大学语言学及应用语言学专业博士，现为浙江师范大学双龙学者特聘教授，国际文化与教育学院院长，博士生导师。曾担任宁夏大学国际教育学院院长，阿联酋迪拜大学孔子学院首任中方院长。中国语言学会语言政策与规划研究会副秘书长，中国语文现代化学会常务理事。《语言战略研究》《语言规划学研究》《语言政策与语言教育》编委。研究领域为语言规划与语言政策、语言传播及文化交流。

主持国家社科基金项目两项，国家语委科研项目两项，文化部项目一项。先后出版《语言规划与语言政策：理论与国别研究》《澳大利亚语言政策研究》《全球化、英语传播与中国的语言规划研究》《语言规划与语言政策：理论与国别研究（续）》《"一带一路"国家语言状况与语言政策（第一卷）》《国外媒体看"一带一路"（2016）》《国外媒体看"一带一路"（2017）》《"一带一路"国家语言状况与语言政策（第二卷）》《中阿文化交流发展报告（2017）》等著作。发表论文、译文、诗作多篇。曾应邀赴多所高校和研究机构进行"一带一路"与语言政策及文化交流方面的学术演讲。
邮箱：hui.wang@zjnu.edu.cn

摘　要

《中阿文化交流发展报告（2018）》是"一带一路"文化交流发展报告的第二部。参与编写者来自浙江师范大学、北京师范大学、四川师范大学、宁夏大学、西北民族大学、中国矿业大学银川学院等单位。

全书以中国与阿拉伯国家的文化交流为主线，由11份报告组成，其中总报告1篇，专题报告1篇，分报告9篇。报告从不同领域，或全面，或有针对性地对中阿文化交流做出客观、详实的分析，并对未来双方文化交流的发展趋势及可开发领域做出预测和研判。

新时代的中阿文化交流发展，促进了中国和阿拉伯国家之间构建相互尊重、广泛交流、深度合作、互利共赢、共同发展的良好合作关系。2017年中阿文化交流整体发展良好，各领域交流有明显发展，交流效果有所提升，高科技新媒体应用扩大。尽管如此，研究发现，当前中阿文化交流仍然存在缺陷与不足。例如，中阿民间旅游文化交流比较乏力，出版交流严重依赖第三方语言等。随着中国"一带一路"倡议的深入实施，未来的中阿文化交流发展将会更加突出以文化融通、民心相通为导向。基于新媒体和新技术的文化交流也将有助于打开中阿文化交流的新局面。

本书运用文献法、调查研究与统计分析相结合等研究方法，对中国与阿拉伯国家间经贸、科技、文艺、学术、出版、广播影视、体育、旅游、饮食等文化交流的重要方面和热点问题进行了深入的分析和探讨。本书针对所发现的问题和短板，给出可行性建议，为进一步促进中阿文化交流更加和谐、深入发展提供了学术支撑和决策参考。

目 录

Ⅰ 总报告

中阿文化交流发展总报告 ……………………… 黄金雷　王　辉 / 001

Ⅱ 分报告

中阿经贸文化交流报告 ………………………………… 赵　华 / 020

中阿科技文化交流发展报告 …………………………… 汤琳琳 / 039

中阿文艺交流发展报告 ………………………………… 黄金雷 / 062

中阿学术交流发展报告 ………………………………… 张媛媛 / 083

中阿出版文化交流报告 ………………………………… 周　雪 / 103

中阿广播影视交流合作报告 …………………………… 张咏群 / 117

中阿体育文化交流报告 ………………………………… 朱　睿 / 132

中阿旅游文化交流报告 ………………………………… 周今由 / 146

中阿饮食文化交流报告 ………………………………… 孟海燕 / 162

Ⅲ 专题报告

中阿合作论坛回顾与展望 …………………………………… 张康龙 / 181

Abstract ………………………………………………………………… / 192
Contents ………………………………………………………………… / 194

CONTENTS

I General Report

Review of Sino-Arab Cultural Communication　　　*Huang Jinlei, Wang Hui* / 001

II Subject Reports

Report on Development of Sino-Arab Economic and Trade
　　Communication　　　*Zhao Hua* / 020

Report on Development of Sino-Arab Scientific and Technological
　　Communication　　　*Tang Linlin* / 039

Report on Development of Sino-Arab Entertainment and Art
　　Communication　　　*Huang Jinlei* / 062

Report on Development of Sino-Arab Academic Communication
　　　Zhang Yuanyuan / 083

Report on Development of Sino-Arab Press Communication
　　　Zhou Xue / 103

Report on Development of Sino-Arab Radio, Film and Television
　　Communication　　　*Zhang Yongqun* / 117

Report on Development of Sino-Arab Sports Culture Communication
　　　Zhu Rui / 132

中阿文化交流发展报告（2018）

Report on Sino-Arab Tourism and Cultural Exchanges　　　　*Zhou Jinyou* / 146

Report on Development of Sino-Arab Diet Culture Communication

　　　　　　　　　　　　　　　　　　　　　　　　Meng Haiyan / 162

Ⅲ　Special Report

Review and Prospects of China-Arab States Cooperation Forum

　　　　　　　　　　　　　　　　　　　　　　　Zhang Kanglong / 181

Abstract　　　　　　　　　　　　　　　　　　　　　　　　/ 192
Contents　　　　　　　　　　　　　　　　　　　　　　　　/ 194

总 报 告

General Report

中阿文化交流发展总报告

黄金雷　王辉*

摘　要： 文化交流是中国对外关系工作很重要的一部分内容，也是我国对外开放不可替代的窗口。中国与阿拉伯国家的文化交流是中国人文外交的重要环节。21世纪以来，中阿在人文领域的交流日趋活跃，并取得了丰硕的成果。本文对2017年以来中国与阿拉伯国家文化交流中取得的成果及其特点和面对的问题进行了简要的概括。在中国与阿拉伯国家共建"一带一路"、打造"命运共同体"的背景下，双方的文化交流不仅有着宽广的发展前景，而且对巩固与加深中国与阿拉伯国家间的纽带联系具有重大现实意义。

关键词： 中阿文化交流　成果　特点　问题

---

* 黄金雷，陕西师范大学博士生，中国矿业大学银川学院人文学院讲师。主要研究方向为二十世纪西方文学与影视传播。王辉，浙江师范大学国际文化与教育学院教授，博导。主要研究方向为语言政策、语言传播及文化交流。

一 引言

"国之交在于民相亲,民相亲在于心相通。"自古以来,文化交流一直是维系国家之间良好关系的重要纽带,对于增进民众间的相互了解,稳定双边关系,发挥着至关重要的作用。阿拉伯国家作为中国"一带一路"建设的重要合作伙伴,在 2017 年里与中国在文化领域的交流与合作也达到了一个新的高度。持续升级的中阿文明交流和互学互鉴,将为中阿构建利益共同体和命运共同体的美好未来提供强大的精神力量。"中国和阿拉伯国家要心手相连、并肩攀登,为深化中阿友好合作而努力,为人类和平与发展的崇高事业而共同奋斗。""让建设成果更多更公平惠及中阿人民,打造中阿利益共同体和命运共同体。"[1]

二 中阿文化交流的基础

中阿关系在历经了几个世纪的发展后,在 21 世纪呈现新的面貌。当今世界,"政治多极化继续发展,世界经济形势总体看好,经济全球化继续发展",[2] 国与国的联系日趋密切,世界格局总体稳固,但霸权主义强权政治依旧存在,局部地区冲突或矛盾从未间断。中阿双方若要应对全球性问题带来的挑战,只有在传承好传统中阿友好关系的基础上,把握机会,共同探索国际交流合作的新模式,才能将中阿关系推向新的高度,从而使双方能够在新的历史阶段互利共赢。

(一)相互需要

冷战结束后,中国和阿拉伯各国之间的利益诉求成为中阿深化交流、加

---

[1] 《心手相连,习近平引领构建中阿命运共同体》,央视网,http://news.cctv.com/2018/07/09/ARTI4cSh3WDJ6yFSdgjHP8fA180709.shtml,2018 年 7 月 9 日。
[2] 《中国外交 2001 年版》,世界知识出版社,2001。

强合作的最直接驱动力，中阿双方的彼此需求成为中阿文化交流的现实背景。对中国而言，阿拉伯世界属于中国的"周边延伸地区"和"大周边"的重要组成部分，对中国的和平发展有着不可或缺的战略作用。对阿拉伯国家而言，中国是新兴大国，中国模式下的政治、经济发展取得巨大成功，国际影响力越来越大，这对同为发展中国家的阿拉伯国家产生了巨大的吸引力。具有相似社会发展背景又同属第三世界的阿拉伯国家和中国，都在积极谋求本国经济与社会的迅速发展。阿拉伯国家希望借鉴中国的经济发展模式，中国也可以在相互的探讨中吸取经验教训，找寻今后可持续发展的良性之路。因此，更好地建立机制化合作渠道，方便中阿双方交流沟通，相互学习探讨发展经验，寻求合作机会，符合双方的利益。

（二）建立了合作机制

"中阿合作论坛"的建立为中阿文化交流铺就了道路。目前，"中阿合作论坛"的机制化建设日趋正规和完善，由"部长级会议""高官委员会"以及其他合作机制共同构成。

其中，"部长级会议"是论坛长期机制，会议主要商讨强化中阿在政治、经济、安全各领域的合作；就双方共同关心的国际和地区性问题、联合国及其专门机构会议所讨论的热点问题交换意见；共同回顾各合作论坛行动计划实施的情况；讨论中阿双方共同关注的其他事务。[①] "高官委员会"是论坛的执行机制，负责筹备部长级会议，并落实部长级会议的决议和决定。中阿双方会利用这一场合对双方共同关心的重大国际和区域性问题进行集体政治磋商，协调立场。[②] 除"部长级会议"和"高官委员会"这两个最重要的机制外，在"中阿合作论坛"的实施过程中，逐渐形成了"论坛"框

[①] 《中国-阿拉伯国家合作论坛》，中国外交部网站，https：//www.fmprc.gov.cn/web/wjb_673085/zzjg_673183/xybfs_673327/dqzzhjz_673331/zgalb_673389/gk_673391/，2018年8月22日。

[②] 《中阿合作论坛部长级会议或推动建立自由贸易区》，中国广播网，http：//china.cnr.cn/gdgg/201005/t20100513_506419568.shtml，2010年5月13日。

架下的多类其他机制，主要包括"企业家大会"、"专题经贸研讨会"、"能源合作大会"、"中阿关系暨中阿文明对话研讨会"、"中阿友好大会"、互办文化节、"新闻合作论坛"、"高教与科研合作研讨会"、"环境保护合作"等十多个协商与合作机制，覆盖了政治磋商、经贸能源、人文交流、可持续发展等多个领域。①

经贸能源类合作论坛主要包括"企业家大会"、"专题经贸研讨会"以及"能源合作大会"。"企业家大会"为中阿双方在不断发生深刻变化的国际形势与持续加剧的全球化大背景下，积极面对和平与发展带来的挑战，发挥优势互补，调动双方企业的积极性，不断拓展双方经贸领域的各项合作搭建了大平台；②"专题经贸研讨会"旨在增强双方经贸合作上的针对性与有效性，并为中阿各方集中商讨某一领域的交流与合作项目和寻求多边合作创造重要机会；"能源合作大会"为进一步促进中阿能源合作，落实习近平主席所倡议的中阿"产能对接行动"，推进我国优势产能与中东能源优势的合作助力。③

目前，人文交流与合作机制主要包括"中阿关系暨中阿文明对话研讨会"、互办文化节、"高教与科研合作研讨会"、"新闻合作论坛"、"中阿友好大会"等，它们成为中阿人文交流的重要舞台。（1）"中阿关系暨中阿文明对话研讨会"为中阿双方的文明对话与交流提供了平台。④（2）中阿互办艺术节活动也已实现机制化。⑤（3）"高教与科研合作研讨会"搭建了中阿教育合作的平台，为中国和阿拉伯国家的高校、科研领域的专家提供了交流的机会，为健全中阿高教合作机制，加强科研交流、促进共同发展开辟了一

---

① 《中阿合作论坛部长级会议或推动建立自由贸易区》，中国广播网，http：//china.cnr.cn/gdgg/201005/t20100513_ 506419568.shtml，2010 年 5 月 13 日。
② 《中阿合作论坛部长级会议或推动建立自由贸易区》，中国广播网，http：//china.cnr.cn/gdgg/201005/t20100513_ 506419568.shtml，2010 年 5 月 13 日。
③ 《第一至五届中国 - 阿拉伯国家能源合作大会闭幕公报》，中阿合作论坛网，https：//www.fmprc.gov.cn/zalt/chn/wjk/nyhzdhss/，2008 ~ 2017 年。
④ 《中阿关系暨中阿文明对话研讨会》，中阿合作论坛网，https：//www.fmprc.gov.cn/zalt/chn/jzjs/wmdhyths/，2005 ~ 2017 年。
⑤ 《文化交流》，中阿合作论坛网，https：//www.fmprc.gov.cn/zalt/chn/jzjs/whjls/，2006 ~ 2017 年。

条新渠道。①（4）"新闻合作论坛"旨在加强中阿政府新闻主管部门间友好合作关系，促进中阿双方在新闻、出版、广电领域的合作，增进中阿人民的相互了解和客观认识。②（5）"中阿友好大会"是论坛框架下中阿民间文化交流的重要组成部分，对动员中阿民间友好力量、增进中阿传统友谊、促进新时期中阿互利合作发挥着不可替代的重要作用。③（6）在"人力资源培训"合作机制下，中国为阿拉伯国家提供了许多不同领域的各类培训。《中国－阿拉伯国家合作论坛2016年至2018年行动执行计划》明确了中方将继续根据阿拉伯国家的需要，在六年内就双方商定的领域帮助阿方培训12000名各类人才。④ 到2017年底，在中国共有40所大学开设了阿语专业，同时，中国已在9个阿拉伯国家成立了12所孔子学院以及3所孔子课堂。⑤

（三）得到一系列合作文件和论坛的保障

近年来，一系列合作协议和合作论坛为中阿文化交流提供了有力保障。主要协议有《多哈宣言》《中国－阿拉伯国家合作论坛2016年至2018年行动执行计划》《银川宣言》《第五届中阿能源合作大会闭幕公报》；主要论坛则包括上文提到的"中阿合作论坛"框架下的一系列分论坛，如"中阿关系暨中阿文明对话研讨会""高教与科研合作研讨会""新闻合作论坛""中阿友好大会"等。

文件方面，2016年《多哈宣言》强调阿拉伯国家支持中国同相关国家根据双边协议和地区有关共识，通过友好磋商和谈判，和平解决领土和海洋

---

① 《高教与科研合作研讨会》，中阿合作论坛网，https：//www.fmprc.gov.cn/zalt/chn/jzjs/gjhkyhzs/，2006～2016年。
② 《新闻合作论坛》，中阿合作论坛网，https：//www.fmprc.gov.cn/zalt/chn/jzjs/xwhzlts/，2008～2016年。
③ 《民间交流》，中阿合作论坛网，https：//www.fmprc.gov.cn/zalt/chn/jzjs/mjjl/，2006～2012年。
④ 《中国－阿拉伯国家合作论坛2016年至2018年行动执行计划》，中阿合作论坛网，https：//www.fmprc.gov.cn/zalt/chn/dqjbzjhy/t1374586.htm，2016年6月23日。
⑤ 《人力资源培训》，中阿合作论坛网，https：//www.fmprc.gov.cn/zalt/chn/jzjs/rlzypx/，2008～2016年。

争议问题；强调应尊重主权国家及《联合国海洋法公约》缔约国享有的自主选择争端解决方式的权利；①《中国－阿拉伯国家合作论坛2016年至2018年行动执行计划》约定了中阿在"中阿合作论坛"框架下文化领域的深度交流与合作，其中第十一条涉及了中阿在2016～2018年政治、经济、文化等各领域的合作事宜；②《银川宣言》包括13个方面的内容，就积极推进基础设施互联互通建设、数字互联互通合作等活动给予了指导性建议。③ 此外，根据《第五届中阿能源合作大会闭幕公报》，未来中阿将在石油和天然气领域、电力领域、新能源领域、和平利用核能领域进行合作。④《中阿合作论坛第六届"中阿关系暨中阿文明对话研讨会"最终报告》主要就中阿合作共建"一带一路"背景下的文明对话、去极端化的治理与中阿去极端化合作、中阿文明中的中正（中庸）思想以及社会包容问题给予了建设性建议。⑤

三 2017年中阿文化交流特点

中阿文化交流开展多年以来，正逐步迈向正规化与机制化。在"中阿合作论坛"框架下的"部长级会议""高官委员会"以及各类其他机制，为中阿双方在经贸以及人文领域的交流与合作铺平了道路。2017年，中阿关系稳步向前，中阿在各领域的交流与合作也日趋密切。这种发展趋势离不开中阿双方政府的大力引导和推动，离不开中阿双方民间力量的响应与支持，也离不开现代科技创新与应用。中阿双方应把握历史机遇，坚持和发扬中阿

---

① 《中阿合作论坛通过〈多哈宣言〉支持中国在南海问题上立场》，中国新闻网，http://www.chinanews.com/gn/2016/05-13/7869096.shtml，2016年5月13日。
② 《中国－阿拉伯国家合作论坛2016年至2018年行动执行计划》，中阿合作论坛网，https://www.fmprc.gov.cn/zalt/chn/dqjbzjhy/t1374586.htm，2016年6月23日。
③ 《2017中国－阿拉伯国家工商峰会发布〈银川宣言〉》，新华网，http://www.xinhuanet.com/2017-09/07/c_1121622927.htm，2017年9月7日。
④ 《第五届中阿能源合作大会闭幕公报》，中阿合作论坛网，https://www.fmprc.gov.cn/zalt/chn/jzjs/nyhzdhs/t1429568.htm，2017年1月11日。
⑤ 《中阿合作论坛第六届"中阿关系暨中阿文明对话研讨会"在卡塔尔举行》，中阿合作论坛网，https://www.mfa.gov.cn/zalt/chn/jzjs/wmdhyths/t1430352.htm，2017年1月13日。

交流与合作机制提供的一切有利条件，不断完善中阿交流机制建设，使中阿关系在发展中绽放异彩。

（一）以官方合作交流作为主要推动力

2017年，中阿文化交流都是在中阿双方的协议框架下展开的。在中阿双方所达成的共识基础上，中阿在经贸、教育、科技与人文领域的交流与合作得以顺利进行。这为中阿关系的长久与稳定的发展奠定了基础。双方主要的协议有《多哈宣言》等；主要论坛则包括上文提到的"中阿合作论坛"框架下的一系列分论坛，如"中阿关系暨中阿文明对话研讨会""高教与科研合作研讨会""新闻合作论坛""中阿友好大会"等。"中阿合作论坛"的建立为中阿文化交流铺就了道路。目前，论坛的机制化建设正趋于正规和完善。具体机制包括"部长级会议""高官委员会"以及其他合作机制。在此基础之上，一系列由中阿官方发起并主导的交流活动得以顺利展开。

在经贸领域，"中阿合作论坛"的成立以及"中国-海合会自贸区"的逐步构建成为中阿经贸交流的有力保障。"中阿合作论坛"作为中国与发展中国家互利共赢、团结合作的典范，极大地促进了双边经贸文化关系的发展，从而在地缘亲近的基础上推动了中国与周边阿拉伯国家在经贸范畴的协作，为维护中国重要战略机遇期的"和谐周边"创造了良好的条件。"中国-海合会自贸区"的构建成为必然，因为中国-海合会双方深度交往的内在需求不断显现，现实的诉求推动中阿双方必须从机制和制度层面建立日益紧密的联系。中阿长期的相互支持和相互理解，为中国和阿拉伯国家的来往奠定了深厚的政治互信基础。至今，中国已经与除科摩罗以外的21个阿拉伯国家签署了双边政府经济、贸易和技术合作协定，建立了经贸混委会机制，与16个阿拉伯国家签署了投资保护协定，与埃及、阿尔及利亚、摩洛哥、苏丹、突尼斯等11个国家签署了避免双重征税协定。[1]

---

[1] 蒋静飞：《中阿合作论坛与21世纪中阿关系研究》，上海外国语大学博士学位论文，2018，第58页。

中阿文艺与影视交流在《中国-阿拉伯国家合作论坛2016年至2018年行动执行计划》《中国对阿拉伯国家政策文件》《敦煌宣言》《文化部"一带一路"文化发展行动计划（2016—2020年）》等一系列协议和计划的保障与指导下，在2017年达到了新的水平。"意会中国——阿拉伯知名艺术家写生""中阿丝绸之路文化之旅""丝绸之路国际艺术节""海上丝绸之路国际艺术节""丝绸之路（敦煌）国际文化博览会""'一带一路'国际文化交流活动"等得以开展；同时，文件拟定的关于人力资源在华培训计划，双方文化机构官员、专家学者及艺术家互访，鼓励开设文化中心等项目也逐渐展开。

中阿旅游交流在2017年依然以官方讨论合作的形式为主体，借助"中国-阿拉伯国家博览会"的召开，围绕旅游合作以及相关展览和会议活动稳步发展。同期举行的2017年"中阿旅行商大会"，为丝绸之路沿线国家的旅游开发与合作打下了坚实的基础。另外，在成都举办的"中阿关系暨中阿文明对话研讨会"帮助成都市与阿联酋迪拜市建立友好关系，双方将共享旅游资源，联合营销，相互为旅游营销提供支持。

在饮食文化交流方面，"中阿农业合作论坛"为其提供了保障。该论坛讨论的内容围绕融入"一带一路"，加快农业国际合作，针对农业科技、贸易、可持续发展以及共同推进中阿合作机制的建立，提出新思路、新见解和新倡议，为推进中阿农业科技创新与可持续发展提供了有益的借鉴和参考。2017年"中阿农业合作论坛"与"中阿现代农业展暨中国（宁夏）园艺博览会"系列活动，共同探讨了"推动农业科技合作，促进农产品贸易合作，推动农业投资合作，完善农业合作机制"等议题。2017年，中国与阿拉伯国家在系列饮食产业博览会、交易会的促进下，通过各类文化节、展会以及经贸合作论坛进行友好交流，双方的食品产业得到一定的发展。中阿农业合作论坛、美食文化节、中国国际清真食品博览会以及茶博会等活动，推动了中国与阿拉伯国家农业合作机制建立，规范了农产品的食品进出口，使双方在饮食文化上得到相互赏鉴，并带动了旅游等相关产业的发展，推进了中阿经贸合作。

在体育文化交流方面，官方的推动作用主要表现在中国武术在阿拉伯世界的传播。中国武术在阿拉伯世界的传播一直是通过官方推进、民间助力的双轨机制进行的。官方的传播途径集中为阿拉伯各国设立的中国文化中心和孔子学院，民间传播途径集中为阿拉伯各国的民间武术俱乐部。孔子学院成为中国武术在阿拉伯地区重要的传播途径。2017年，阿拉伯各国孔子学院武术教学规模不断扩大，中国武术课程进行了改革。另外，中国对阿体育援助形式和内容发生了重大变革，经历了无偿体育援外方式主导时期、从无偿到合作的转折时期与体育援外合作方式主导时期。[1]

在学术与出版交流方面，2017年，"中阿改革发展研究中心""中国-阿拉伯国家地学合作研究中心"，中国与埃及、摩洛哥、苏丹等5个双边技术转移中心分别成立。另外是数字经济平台的建立。2017年"中国-阿拉伯国家技术转移综合信息平台"正式启动，并与部分阿拉伯国家签订了共建中阿技术转移分中心、中阿科技创新平台和中阿技术合作等三方面19个科技合作项目，主要活动是"第二届翻译与中阿人文交流国际研讨会"。

2017年中阿出版交流主要通过"中阿翻译与出版研讨会""中阿出版发展高峰论坛""突尼斯国际书展""阿布扎比国际书展""中国·阿拉伯国家文学论坛"以及中阿作家对话、座谈交流等活动进行。2017年，中阿学术交流首先体现在一系列国内外学术活动方面，包括大量的开放式学术论坛、研讨会、研修班、讲座等形式。

（二）各领域较往年都有明显发展

表现最突出的是经贸方面。中国在项目开发方面表现积极。中国企业抓住机遇、迈出国门，率先拓展阿拉伯国家的工程承包市场。2017年，中国企业在阿新签的承包工程合同额为328亿美元，完成营业额277亿美元。在埃及、阿联酋、阿尔及利亚、伊拉克和约旦等国，中国承包的工程项目已成

---

[1] 俞大伟：《中国体育对外援助主体的发展策略研究》，《体育文化导刊》2016年第12期。

为当地基础设施建设的亮点。① 在贸易合作领域，中阿经贸交流合作的优势互补性很强。据商务部数据统计，2017年1~12月，中国与阿拉伯国家贸易额为1913.4亿美元，同比上升11.9%，其中对阿出口985.3亿美元，自阿进口928.1亿美元；② 中国对阿非金融类直接投资流量为12.5亿美元，同比增长9%。在金融合作领域，中国"一带一路"倡议与阿拉伯国家的"向东看"政策相互契合，双边的金融合作快速发展，形成了多方共赢的局面。中阿能源合作也在高水平上深入推进。2017年中国原油进口数量为41957万吨，同比增长10.1%，进口金额为1623亿美元，同比增39.1%。2017年，中国从阿拉伯各国进口原油613亿美元，占中国当年原油进口总额的38%；2016年中国进口原油数量排名前十位的国家中，阿拉伯国家占据五席，分别是沙特阿拉伯、伊拉克、阿曼、科威特和阿联酋，中国从上述五国合计进口原油高达15079.91万吨，约占全年进口总量的40%，③ 显而易见，阿拉伯国家已成为中国第一大原油供应方。

文艺与影视领域在2017年的交流与合作中呈现以下特点：参与互动的阿拉伯国家数量有所增加，活动数量增幅较大；文艺交流活动数量较历年增幅较大，规模和级别普遍较高；活动的举办地主要在阿拉伯国家；所涉及的艺术门类更加丰富。此外，中阿文学界开展了初步的面对面交流，常态化和系列化的文化交流活动在向阿拉伯世界传播中国文化的过程中，影响力不断扩大。

2017年在文艺领域与中国互动的阿拉伯国家数量达到18个，是最多的一年；文艺交流活动数量较历年而言增幅较大，双方参与的人数和活动级别较往年都高出许多；交流活动涉及的艺术种类前所未有，除传统的文艺，如书法、绘画、音乐、歌舞、杂技、话剧以外，摄影、地方戏曲、陶瓷、文物

---

① 张伟伦：《中阿合作：在互补中共享商机》，《中国贸易报》2018年7月12日，第A1版。
② 《2017年中国对阿拉伯国家贸易数据统计》，中华人民共和国商务部网站，http://xyf.mofcom.gov.cn/article/date/201803/20180302718137.shtml，2018年3月6日。
③ 《2017年中国与阿拉伯国家经贸合作统计数据》，中华人民共和国商务部网站，http://xyf.mofcom.gov.cn/article/date/201803/20180302540290.shtml，2018年3月25日。

互展活动等艺术种类的参与度也有所上升；中阿文学界也开展了初步的面对面交流，主要活动有中国作家刘震云被摩洛哥文化部授予"国家文化最高荣誉奖"，中国首次作为主宾国参展第27届阿布扎比国际书展活动，中国与约旦文学界进行交流活动，以及第6届茅盾文学奖得主、中国作家协会主席团委员柳建伟率队的中国作协6人代表团访问埃及等。

中阿广播影视交流合作在机制建设、平台搭建、品牌打造等方面亦取得长足进展，中阿广播影视交流合作呈现新的特点和发展趋势：整合统筹了已有文化交流合作品牌项目，在《中国－阿拉伯国家合作论坛2016年至2018年行动执行计划》的指导下更加有序推进；各种合作交流机制日益走向正规化、规范化；更加注重建立和完善海外中国文化中心，使其充分发挥作用；更加注重交流合作平台的建设；更加重视影视文化产业发展和繁荣。在2017年的"欢乐春节"系列活动中，广播影视以最直观的视觉方式向包括阿拉伯国家在内的各国展示中国和中国文化的魅力，进一步扩大中国影视文化的影响；"中阿丝绸之路文化之旅"活动，涉及新闻出版、广播电视等多个领域的文化资源，涵盖电影电视展映、动漫展映、中国电影周等不同活动，内容丰富；"丝绸之路文化使者"计划的实施，为中国的影视精品在中国与"一带一路"沿线国家之间架起沟通桥梁；"丝绸之路影视桥"工程旨在发挥广播影视对外传播和人文交流优势，加快推进与丝绸之路国家广播影视交流合作；"丝绸之路文化使者"计划及其中的留学推进计划是面向国外培养相关文化交流合作人才，为国内培养阿拉伯语言文化、跨文化交际、广播影视传媒专业等方面的人才，保证中阿广播影视文化交流合作能够长期持续发展。

在旅游交流领域，官方的积极推动，为中阿旅游业的合作与交流铺路架桥。2017年"中国－阿拉伯国家博览会""中阿旅行商大会"以及"中阿关系暨中阿文明对话研讨会"的召开，为丝绸之路沿线国家的旅游开发与合作打下了坚实的基础。双方将共享旅游资源，联合营销，相互为旅游营销提供支持。

在饮食文化交流领域，首先，"中阿农业合作论坛"为中阿饮食文化交流提供保障。论坛讨论的内容围绕融入"一带一路",加快农业国际合作,针对农业科技、贸易、可持续发展以及共同推进中阿合作机制的建立,提出新思路、新见解、新倡议,为推进中阿农业科技创新与可持续发展提供有益的借鉴和参考。2017年"中阿农业合作论坛""中阿现代农业展暨中国(宁夏)园艺博览会"系列活动共同探讨了"推动农业科技合作,促进农产品贸易合作,推动农业投资合作,完善农业合作机制"等议题。其次,中阿美食文化节为中阿饮食文化交流提供了可行性平台。主要活动包括"2017年中埃美食工作坊"和"2017年中国清真美食文化节"。再次,"中国国际清真食品博览会"为中阿饮食文化交流开辟了更广阔的途径。2017年的主要活动有"'一带一路'清真食品国际发展峰会"和"第三届中国西安国际清真食品展览会"。最后,茶文化博览会为中阿茶文化的传承与交流提供了平台。主要活动有"北京国际茶业及茶文化博览会"和"中国(深圳)国际茶产业博览会"。

2017年中阿体育文化交流有三个特点:优势项目的交流更凸显双边性,中国武术在阿拉伯国家的探索与改革并行,以及体育援助形式和内容均有重大变革。首先,优势项目的交流更凸显双边性。迪拜这类阿拉伯国家中具有国际领先马术优势的城市不断帮助中国发展马术产业,使中国马术运动的竞技水平得以提升。从马术交流的方向来看,阿拉伯国家对于中国的输出是绝对性的,且越来越多,总体上打破了以往中国与阿拉伯国家体育文化交流中中国输出多的一边倒局面。其次,2017年,中国武术在阿拉伯国家更深入传播,阿拉伯各国孔子学院武术教学规模不断扩大,中国武术课程进行了改革。主要改革体现在教学式课堂改为体验课堂。综合来看,武术在孔子学院的传播较为迅速而稳定。再次,体育援助形式和内容发生了重大变革。2017年,因特殊条件的制约,无偿对外体育援助局限性突出,一方面经济成本高,另一方面长效性不显著且缺乏可持续性。因此,中国体育的对外援助方式发生主导性转变,从无偿主导、合作辅助转为合作主导、无偿辅助。

在学术交流领域,2017年,中阿学术交流首先体现在一系列国内外学术活动方面,包括大量的开放式学术论坛、研讨会、研修班、讲座等,主要关注中阿科技转化与科技转型中的中阿宏观经济环境、中阿科技发展趋势、中阿科技创新和商业模式变革等方面,以及农业物联网、无醇葡萄饮品、清真肉制品、节水农业、马铃薯种苗培育及病虫害综合防治、卫星导航、新能源等议题。同时又有几个比较突出的表现:首先是关于翻译人才培养的交流,其次是关于数字经济平台的建立方面的探讨。主要活动是"第二届翻译与中阿人文交流国际研讨会"和"中国－阿拉伯国家技术转移综合信息平台"的正式启动。此外,中阿正积极推动北斗系统合作,开展信息基础设施、卫星应用服务、大数据、云计算等新兴领域合作交流。还有中阿跨境电子商务交易平台、宁夏跨境电子商务监管服务系统上线运行,中阿软件服务外包等合作项目正加快对接。

2017年中阿出版交流主要通过"中阿翻译与出版研讨会""中阿出版发展高峰论坛""突尼斯国际书展""阿布扎比国际书展""中国·阿拉伯国家文学论坛"以及中阿作家对话、座谈交流等活动进行。主要项目是"中外互译计划"与"中阿互译项目"。以高峰论坛为契机的中阿出版交流中,合作内容的选择、互译选题的策划与选定得以实现;出版成果得到认可,重大出版工程得以推进;国际市场得到进一步开创与拓展;出版发行正向数字化等现代科技手段转型;资源利用、传播渠道互通、技术研发、人才培养等得到高度的重视,并被确立为未来中国与阿拉伯国家出版交流中需要强化的方面。中阿作家、出版商的对话为中华文化、中国图书"走出去"做出了重要贡献,也为进一步跨越地域、语言和文化,增进中国作家与各国翻译家的相互了解,为中国文学更有力地参与世界文学的建构贡献力量。同时,阿拉伯国家中文翻译界现状、存在问题、译者与作者之间的沟通渠道、翻译作品选择、翻译版权获取等问题得到了深入的讨论。诸多阿拉伯出版人认为,应该建立中国与合作国政府在文化领域方面的合作机制,各国文化部共同成立委员会,以促进"一带一路"国家之间不同形式、内容的文化交流,以此促进合作。在"中外互译计划"中,中国推出的丝路书香出版工程,以及图书对外推广计划等项目都已结出硕果:中国与阿拉伯国家之间出版文化交流的合作与发展的领域得到拓展、力度得到强化、数量不断增加、质量得到提升以及活跃度不断提高；中阿出版文化交流平台的搭建日渐多元化，相关行业人员之间的交流日益频繁，出版机构之间的合作也更加全面和广泛。"中阿互译项目"的落地开展，为两种文明之间的互相了解、学习和借鉴提供了重要的渠道。主题为"文学新丝路"的论坛，旨在助力"一带一路"建设，深化中国与阿拉伯各国文化联系，促进文明互鉴、民心相通，分享文学创作的经验与体会，探讨加强文学互译的举措，在对话中增进相互了解，巩固传统友谊。

（三）民间交流稳步跟进

在经贸往来方面，中国企业抓住机遇、迈出国门，率先拓展阿拉伯国家的工程承包市场。2017年，中国企业在阿新签的承包工程合同额为328亿美元，完成营业额277亿美元。在埃及、阿联酋、阿尔及利亚、伊拉克和约旦等国，中国承包的工程项目已成为当地基础设施建设的亮点。[①]

此外，中阿民间旅游也在高速发展。埃及旅游行业统计显示[②]，2017年到访埃及的中国游客为15.9万人，与同期相比激增了113%，全年可吸引超过30万名中国游客；携程网的统计显示[③]，部分中东地区在2017年成为吸引中国游客的"黑马"目的地，分别是摩洛哥、突尼斯、阿联酋等。

"中阿美食文化节"、"中国国际清真食品博览会"以及"茶文化博览会"为中阿民间饮食文化交流提供了可行性平台。美食节方面的主要活动包括"2017年中埃美食工作坊"和"2017年中国清真美食文化节"。"2017年中埃美食工作坊"以推介中国江南美食为主题，同时融入中国传统七夕佳节元素，活动共吸引近200位嘉宾出席，埃及《金字塔报》、《共和国报》、阿拉伯埃及网台、中国中央电视台、新华社、《光明日报》、中国国际

[①] 张伟伦：《中阿合作：在互补中共享商机》，《中国贸易报》2018年7月12日，第A1版。
[②] 《中国已成埃及第四大客源国：中国游客较去年同期增长超九成》，澎湃新闻网，https://www.thepaper.cn/newsDetail_forward_1719825，2017年6月28日。
[③] 《2017年中国出境旅游大数据：1.3亿人出境游花费1152.9亿美元（附图表）》，中商情报网，http://www.askci.com/news/chanye/20180301/162309118869_8.shtml，2018年3月1日。

广播电台等十余家埃中媒体对活动进行了采访报道，将中埃两国的美食文化交流通过媒体传播给更多的人了解。"2017年中国清真美食文化节"旨在进一步加快兰州清真食品产业的发展，弘扬清真饮食文化，打造清真美食盛宴，铸就"中国甘肃游　美食在兰州"的城市新名片。清真美食节独具中阿饮食文化交流特色，通过特色美食及其文化的共享，为双方进一步了解及合作交流做好了铺垫。另外，"中国国际清真食品博览会"为中阿饮食文化交流开辟了更广阔的途径。2017年的主要活动有"'一带一路'清真食品国际发展峰会"和"第三届中国西安国际清真食品展览会"。"'一带一路'清真食品国际发展峰会"为中阿饮食文化的进一步交流与合作搭建了平台，为中国与"一带一路"沿线阿拉伯国家乃至全世界各国的饮食交流开辟了更广阔的空间。"第三届中国西安国际清真食品展览会"促进了清真食品产业在中国西部的发展，为清真食品各生产企业搭建了桥梁，促进了双方交流与合作，同时拓展了贸易渠道，为中阿清真饮食交流进一步打开了市场。"茶文化博览会"主要活动有"北京国际茶业及茶文化博览会"和"中国（深圳）国际茶产业博览会"。"北京国际茶业及茶文化博览会"秉承规范化、专业化、精品化、市场化、国际化的理念，搭建起当今世界文化创意产业发展交流的平台，推动了国际投资合作与文化交流，也在一定程度上有助于热爱茶文化的中国与阿拉伯国家的交流合作。2017年"中国（深圳）国际茶产业博览会"中的"中国茶界领袖（春季）高峰论坛"，以"中国茶·品牌再出发"为主题，共同探讨了农业供给侧结构性改革政策、茶+旅游模式、茶包装设计助力茶叶品牌升级以及我国茶产业发展之路等议题，为中国茶打造世界品牌保驾护航。"茶文化博览会"为茶文化在中国与阿拉伯国家的交流也奠定了一定基础。

中阿民间体育文化交流主要表现在中国武术在阿拉伯国家民间的传播。传播途径以阿拉伯各国的民间武术俱乐部为主，传播形式以授课为主，外加巡演。2017年仅在埃及首都开罗，民间就有47家俱乐部开设武术课程，约有12000名习武爱好者，在全国范围内至少有15万人在学习中国武术。另外，2017年起，武术巡演的增加，使中国武术传播环境得以改善。

（四）中阿文化交流趋向于对科技与新媒体的研究与应用领域

在中阿学术交流领域，中阿双方正倾向于共同建立科研中心与数据信息平台。2017年，"中阿改革发展研究中心"，"中国－阿拉伯国家地学合作研究中心"，中国与埃及、摩洛哥、苏丹等5个双边技术转移中心分别成立。中阿各国的地质学家一起，搭建地学合作研究平台，分享彼此的经验和成果，努力把研究中心打造成国际"一流的合作研究中心""一流的学术交流中心""一流的科技创新中心""一流的合作调查中心""一流的人才交流与培养中心""一流的信息共建共享中心"。其中，2017年"第二届'一带一路'技术转移国际合作峰会"就中阿技术转移协作网络机构共建、中东地区的形势、中阿技术转移和科技合作的关键战略选择等问题进行了研讨和对话。而2017年"中国－阿拉伯国家技术转移与创新合作大会"启动了中阿技术转移综合信息服务平台，集中签约一批科技合作项目，并为中国与埃及、摩洛哥、苏丹的3个双边技术转移中心揭牌。另外，2017年中国－阿拉伯国家技术转移综合信息平台正式启动，并与部分阿拉伯国家签订了共建中阿技术转移分中心、中阿科技创新平台和中阿技术合作等三方面19个科技合作项目，这将有效服务于中阿开展技术转移和科技合作交流。同时，中阿积极推动北斗系统合作，开展信息基础设施、卫星应用服务、大数据、云计算等新兴领域合作交流。中阿跨境电子商务交易平台、宁夏跨境电子商务监管服务系统上线运行，中阿软件服务外包等合作项目正加快对接。"中国和阿拉伯国家科技转化与科技战略学术研讨会"对推动中阿科技合作与技术转移、提高中阿技术转移中心的工作水平将产生积极影响。

高科技新媒体在中阿文化交流中的应用主要体现在旅游交流领域。中阿旅游文化产业也经历了科技发展所带来的改变。移动互联网在旅游行业中的应用，令酒店、机票和门票等预订变得更加便捷；"旅游+"概念的提出，有利于整合中阿双方的优势旅游资源。一批服务于在线旅游的企业利用云计算、大数据等将旅游资源系统地整合在一起，使旅游业的市场细分程度进一步加深。

四　中阿文化交流面临的问题

（一）文艺交流形式较为单一，相关资源匮乏

2017年中阿文艺交流在内容上多局限于传统文化。其中书法、国画、剪纸、传统地方戏曲、杂技、曲艺、民乐等是中阿文艺交流的主要内容。

中国与阿拉伯国家目前的文艺交流方式比较单一，以人员互访为主。演艺团体的访问演出和展览，由于传播条件受到限制，受众的数量不多。民间文艺交流的不深入，也在一定程度上不利于中阿双方对"朋友"关系的认知。各种形式的人员往来才是拉近双方关系的有效途径。

另外，网络上有关中国文艺的阿拉伯语资源十分匮乏，网络媒体在中阿文艺交流方面没有发挥应有的功能。

（二）中阿民间旅游交流比较乏力，受阿拉伯地区动荡的政局影响严重

官方交流的频率高于民间交流，官方成为中阿旅游交流的主导力量。民间旅游的意向不强，主要是阿拉伯国家民众对于中国传统文化不了解，又不了解中国的民族宗教政策，导致普通民众无法体会到"一带一路"文化交流的实际意义。同时，很多阿拉伯国家长期以来处于动荡的局势中，严重影响其旅游市场的发展，也大大降低了中国人前去旅游的意愿。在没有安全保障的情况下，在这些国家出境游可能会给旅游体验者带来安全威胁。再加上宗教信仰不同、语言不同等问题，在部分阿拉伯国家旅行并体验文化还需要继续推进。

（三）饮食品牌知名度较低，部分食品品质无法满足出口标准

中国饮食文化博大精深，但绝大部分品牌仍在本土经营，还未"走出去"，未形成国际影响力。此外，国内自主经营品牌，由于企业管理模式欠

妥，部分食品的质量不过关，从而影响了我国食品企业及食品品牌的信誉度，使企业蒙受重大损失，进而阻碍了我国食品行业的国际发展，无法实现可持续发展。从国内食品经销方式可以看出，国内商家大多通过搭建街边小吃摊推广种类繁多的地方特色美食，这无疑会增加食品安全隐患，降低食品的品牌价值，导致食品企业无法"打开国门，走向世界"。

（四）体育交流未能涉及所有的阿拉伯国家

阿盟共有22个成员国，但与中国保持体育文化交流与合作的阿拉伯国家主要是埃及、摩洛哥、阿联酋等个别经济发展水平较高的国家，因为它们的体育文化相对较为成熟，条件也更加便利。同样，虽然撒哈拉以南的非洲有许多阿拉伯国家，但是大多经济发展不足，体育运动普及程度低，体育产品购买力更加不足。因此，中国与这一区域的阿拉伯国家无法进行广泛的体育文化交流。

（五）出版交流严重依赖第三方语言，学术交流输出与输入严重失衡

在中阿人文交流的传播语言构成中，第三方语言特别是英语为媒介语言的现象较为明显。而西方媒介的话语垄断则导致传播的真实性、有效性受到影响。通过西方媒体传播的中阿文化会受到西方国家解读不实的影响，导致在出版物中引起不必要的误解。对于出版业交流而言，特别是在报纸、期刊等信息传播时，中阿的大量相关信息是通过西方媒体以第三方语言为媒介传播到大众视野中的。如此一来，在西方意识形态的影响下，不可避免地会导致报道失实现象的产生，引起中阿甚至更多国家的误解。中阿在学术交流方面，以中国向阿拉伯地区输出为主。这主要与阿拉伯国家在教育、科技等方面的发展状况有关。

（六）中阿经贸发展不平衡、结构不合理，并不断受到中东地区不稳定因素的冲击

在当前中阿经贸关系中，中阿双边贸易发展不平衡。中国主要从阿拉伯国家进口原油及其衍生产品，因此，中阿贸易极易受到国际油价震荡的影响。

而阿拉伯国家从中国进口的商品以劳动密集型产品为主，如工业制成品、日用纺织服装等。此外，经济贸易的失衡将可能直接导致经济摩擦。从中阿双边贸易的结构来看，中阿双边贸易结构不合理。可见，中阿贸易结构非常单一，而且不合理。[①] 还有，中东的战争冲突等不稳定因素，一直困扰着中阿双边贸易合作。其中，阿拉伯国家与以色列的矛盾冲突最为突出。战争不仅会威胁到中东地区的和平与稳定，也必然会影响到中阿经贸的正常往来。[②]

五 小结

2017年中阿文化交流主要是在"中阿合作论坛"框架下开展的，得到了中阿一系列合作协议和论坛机制的保障。在"互利共赢、共同发展"[③]的新型伙伴关系的原则下，中阿双方在经贸、文艺、影视、学术、出版、旅游及饮食等领域的文化交流与合作又迈向了新的高度。中阿之间的关系也从"平等、全面的新型伙伴关系"上升到"全面合作、共同发展、面向未来的中阿战略伙伴关系"阶段，[④] 这是质的飞跃。同时，我们也应坦然面对中阿文化交流中的问题与不足，如贸易的不平衡现象、交流渠道落后单一、民间交流乏力以及容易受到西方舆论和地区冲突的影响等问题。我们应积极建立应对机制、增强处理危机的灵活性、拓宽多种交流和沟通渠道、支持中东地区维持和平与稳定，同时也要下大力气增强我国软实力。相信在"一带一路"与共建"人类命运共同体"的倡议下，在"中阿合作论坛"的引领和推动下，中阿文化交流必将谱写崭新的篇章。

[①] Olimat, Muhamad, "The Political Economy of the Sino-Middle Eastern Relations," *Journal of Chinese Political Science*, 2010, p. 310.

[②] Mike Burnham, "Georgetown Security Studies Review: China in the Middle East," *Center for Security Studies*, 2015, p. 58.

[③] 《中国对阿拉伯国家政策文件》，人民网，http://world.people.com.cn/n1/2016/0114/c1002-28049966.html，2016年1月14日。

[④] 《习近平：携手推进新时代中阿战略伙伴关系——在中阿合作论坛第八届部长级会议开幕式上的讲话》，中国共产党新闻网，http://cpc.people.com.cn/n1/2018/0711/c64094-30139172.html，2018年10月11日。

分报告

Subject Reports

中阿经贸文化交流报告

赵 华*

摘　要： 中国与阿拉伯各国之间的友好往来源远流长，在政治、经贸、学术、教育以及人文交流等各个领域都建立了紧密的合作关系。进入21世纪，"中阿经贸合作论坛"的成立和"一带一路"倡议的提出，都为中阿经贸文化的跨越式发展带来了全新的发展机遇。本文主要以2012~2018年7月中国与阿拉伯各国经贸文化交流的事件为研究对象，回顾了双边经贸文化交流的概况；分析了中国与阿拉伯各国经贸文化交流的特点；总结了双边经贸文化交流过程中存在的问题；最后提出了解决问题的相应建议。

关键词： 中国　阿拉伯国家　经贸文化交流

---

* 赵华，英语语言文学硕士，中国矿业大学银川学院人文学院讲师。主要研究方向为英汉翻译理论与实践。

很久以前，举世闻名的丝绸之路就把中国与阿拉伯国家紧密联系在一起。千百年来，丝绸之路精神经久不衰，如今，"推动共建丝绸之路经济带和21世纪海上丝绸之路的愿景与行动"提出后，不仅推动了中阿双边的文明进步，而且促进了中国和阿拉伯国家经贸文化交流与合作的良性发展。中阿双方都对推进国际产能合作，发挥双方优势和潜能，扩大双方在基础设施建设、贸易投资便利化等领域的合作，实现共同发展和进步充满信心。①"一带一路"倡议必将塑造中阿双边全新的地理经济范式，创新双边的合作模式，开启双边"共赢主义的时代"。在当前的经济形势下，双边将继续以坚强的政治互信为后盾，以互利的经贸合作为纽带，以真诚的交流对话为桥梁，以共同发展繁荣为目标，促使中阿经贸文化交流迈上一个新台阶。

一　中阿经贸文化交流概况

（一）高层动态

长期的相互支持和相互理解为中国和阿拉伯国家的往来奠定了深厚的政治互信基础，中阿政府高层互访频繁。至今，中国已经与除科摩罗以外的21个阿拉伯国家签署了双边政府经济、贸易和技术合作协定，建立了经贸混委会机制，与16个阿拉伯国家签署了投资保护协定，与埃及、阿尔及利亚、摩洛哥、苏丹、突尼斯等11个国家签署了避免双重征税协定。②这些合作机制与协定奠定了中阿经贸文化交流的深厚基础，保障了双边经贸往来的向好发展。2004年中阿合作论坛模式的启动以及2008年北京奥运会的举办都大大增进了阿拉伯各国企业对中国的进一步了解，增进了中阿企业家之间的交流。

---

① 陈向阳：《中国与中东开启经贸合作新篇章》，《人才资源开发》2016年第5期。
② 蒋静飞：《中阿合作论坛与21世纪中阿关系研究》，上海外国语大学博士学位论文，2018，第58页。

（二）项目开发

20世纪70年代末，国际工程承包业务发展迅速，阿拉伯国家的工程承包建设也是热火朝天，在中国改革开放政策的引导下，中国企业抓住机遇、迈出国门，率先拓展阿拉伯国家的工程承包市场，第一站就是也门和伊拉克。经过40余年的发展，中国和阿拉伯各国之间的基础设施合作项目呈现稳步增长态势。2017年，中国企业在阿新签的承包工程合同额为328亿美元，完成营业额277亿美元。在埃及、阿联酋、阿尔及利亚、伊拉克和约旦等国，中国承包的工程项目已成为当地基础设施建设的亮点。[①] 在阿拉伯各国和地区开展基础设施项目建设的中国企业以国有企业为主，涉及电力、水利、交通等多个领域（见表1）。[②]

表1　中国与阿拉伯国家达成的主要基础设施建设项目一览

国别	时间	项目	项目单位	项目类型
阿尔及利亚	2016年1月17日	233MW光伏五标阿德拉尔和卡贝尔坦电站	中国水电建设集团国际工程有限公司、中国水电工程顾问集团有限公司、英利绿色能源控股有限公司	电力
埃及	2016年1月22日	斋月十日城铁路项目	中航国际控股股份有限公司、中国中铁股份有限公司	交通
突尼斯	2016年5月20日	梅来格大坝项目	中国水利水电建设股份有限公司	水利
科威特	2016年5月29日	萨巴赫萨利姆大学城管理设施项目	中国建筑股份有限公司	建筑
阿联酋	2016年6月	迪拜哈翔清洁燃煤电站项目	哈尔滨电气国际工程有限责任公司、通用电气公司	电力
阿尔及利亚	2016年11月6日	阿尔及尔炼油厂改扩建项目	中国石油工程建设公司	能源

[①] 张伟伦：《中阿合作：在互补中共享商机》，《中国贸易报》2018年7月12日，第A1版。
[②] 谭秀杰：《"一带一路"中阿经贸合作的现状、挑战及对策》，《边界与海洋研究》2018年第1期。

续表

国别	时间	项目	项目单位	项目类型
阿尔及利亚	2017年3月13日	签订Gara Djebilet铁矿开发预可研合同	中钢设备有限公司	能源
摩洛哥	2017年3月20日	签订"丹吉尔穆罕默德六世科技城"谅解备忘录	中国海特集团	建筑
摩洛哥	2017年3月30日	与Managem矿业公司建立战略合作伙伴关系	中国万宝矿业	采矿
摩洛哥	2017年6月20日	联合投资建设KENITRA市轮胎制造厂	中工国际工程有限公司、沙特TIJAN石油集团	制造业
摩洛哥	2017年7月20日	拉巴特塔项目	中国铁建国际集团	建筑
埃及	2017年8月16日	双线电气化轻轨项目	中航国际股份有限公司、中国中铁股份有限公司	交通
埃及	2017年10月11日	新行政首都商务区项目	中国建筑股份有限公司	建筑
阿尔及利亚	2017年10月30日	阿尔及利亚甘塔斯隧道项目	中国土木工程集团有限公司	交通
埃及	2018年1月11日	新首都CBD中央商务区的P3、P4两个标段工程	中国建筑一局(集团)有限公司	建筑
埃及	2018年4月17日	开罗西650MW火电项目	中国能建江苏电建一公司	电力
埃及	2018年8月26日	汉纳维燃煤电站的建设协议	上海电气、东方电气、Hassan Allam	电力

资料来源：中华人民共和国商务部网站，驻外经商机构，西亚非洲地区相关经贸新闻，根据时间先后顺序整理。①

（三）贸易合作

经过40余年的改革开放，中国经济有了飞跃式发展，而大多数阿拉伯国家也正处于现代化建设和改革的重要时期。这些阿拉伯国家不仅能源资源极其丰富，而且市场潜力巨大，因而与中国经贸交流合作的优势互补性很

---

① 中华人民共和国商务部网站，http://www.mofcom.gov.cn/mofcom/xyfzhou.shtml。

强。据商务部数据统计，2017年中阿贸易额为1913.52亿美元，同比增长11.9%，中国自阿拉伯各国进口额928亿美元，对阿出口额985亿美元；中国对阿非金融类直接投资12.5亿美元，同比增长9%。[①]

以上数据显示，近年来中阿经贸往来发生了显著变化，2012~2014年，中国同阿拉伯各国的双边贸易额呈现明显的上升趋势，其增长速度高于中国对外进出口总额的增速；2015年开始，由于全球经济复苏动力匮乏，国际石油价格下跌，国际、国内需求低迷，抑制了中国乃至全球的进出口，中国对外贸易进出口额整体缩减，中阿双边经贸往来也在经历多年连续增长后，表现出明显的动力不足；2016年开始，受到世界经济整体复苏的影响，中阿经贸往来重新呈现出向好趋势。

（四）金融合作

作为现代经济的核心，金融合作一直是区域经济一体化进程中助推经济合作的重要手段。2013年以来，中国"一带一路"倡议与阿拉伯国家的"向东看"政策相契合，双边的金融合作快速发展，形成了多方共赢的局面。

亚洲基础设施投资银行（以下简称亚投行）一直比较关注阿拉伯各国的基础设施建设，中阿双方的金融合作模式不断拓展。截至2018年7月，亚投行已批准4项涉及13个阿拉伯国家的项目，包括：2016年12月8日，阿曼杜库姆港商用码头终端建设项目和铁路系统建设项目贷款2.65亿美元；2016年12月9日，阿曼铁路系统准备项目3600万美元；2017年9月4日，埃及可再生能源项目2.1亿美元；2017年12月13日阿曼宽带基础设施项目2.39亿美元高级贷款，贷款承诺额共计6.63亿美元，占15.67%。[②] 中埃央行于2016年12月签署了总金额为180亿元人民币的货币互换协议，国家开发银行、中国进出口银行、中国工商银行、中国出口

[①] 商务部网站数据：http://www.mofcom.gov.cn/。
[②] 吴思科：《锐参考：当人类命运又一次处在十字路口，这个区域正呼唤"中国智慧"和"中国方案"》，参考消息网，http://www.sohu.com/a/239256881_114911。

信用保险公司累计为埃及提供融资额度超过 50 亿美元。中国金融机构还积极与埃及银行开展合作，创新融资形式，推进人民币业务的合作。目前，国开行正与埃及央行探讨 70 亿元人民币贷款，埃及商业银行的人民币业务也已启动。①

2013 年以来，中国与阿拉伯国家和地区的金融合作虽然发展迅速，但一般以政府层面或大型国有银行为主，地方金融机构和地方政府以及民营企业参与度不高。从阿拉伯各国的金融发展趋势来看，随着阿拉伯各国金融领域的不断拓展，其金融机构和银行日趋增多，为了应对这一趋势变化，一方面，我国应以项目合作的方式加大招商引资力度，寻找具有特色的产业合作领域，推进中阿共同投资；另一方面，应当充分利用阿拉伯各国的资金优势，努力拓展直接投资领域。作为推动"一带一路"倡议实施的重要组成部分，中国与阿拉伯各国和地区之间的区域金融合作至关重要，如何更好地运用双边金融合作这个杠杆来推动中阿之间的经贸交流与合作已经成为当前的重要命题。

二 中阿经贸文化交流的特点

（一）能源合作纵深发展

在中国与阿拉伯各国经贸合作的诸多领域中，能源合作一直占有举足轻重的地位。2017 年中国原油进口数量为 41957 万吨，同比增长 10.1%，进口金额为 1623 亿美元，同比增长 39.1%。② 2017 年，中国从阿拉伯各国进口原油 613 亿美元，占中国当年原油进口总额的 38%；2016 年中国进口原油数量排名前十位的国家中，阿拉伯国家占据五席，分别是沙特阿拉伯、伊拉克、阿曼、科威特和阿联酋。中国从上述五国合计进口原油高达

---

① 商务部网站数据：http://eg.mofcom.gov.cn/article/jmxw/201809/20180902784594.shtml。
② 商务部网站数据：http://eg.mofcom.gov.cn/article/jmxw/201809/20180902784594.shtml。

15079.91万吨，约占全年进口总量的40%[①]，显而易见，阿拉伯国家已成为中国第一大原油供应方。

虽然自2016年起，沙特作为中国原油最大供应国的地位被俄罗斯取代，但2017年全年，中国从沙特进口原油达5218万吨，同比依然上涨2.31%。[②] 目前，除在原油范畴的密切合作外，中国和阿拉伯各国以及地区已经将能源合作拓展至天然气、电力、和平利用核能、技术转让、可再生能源和替代能源等领域。未来，除能源合作外，中国与阿拉伯各国的经贸往来将会进一步向纵深发展以适应风云变幻的国际形势和中阿战略合作的需要。2008年起，作为中阿经贸合作与交流尤其是中阿能源合作的优质平台，"中阿能源合作大会"（参见表2）的连续召开在中阿双边经贸总量的增长领域发挥了重要作用。[③]

表2 中阿能源合作大会概况

届别	时间	地点	主旨
第一届	2008年1月9~11日	中国三亚	采取合适的措施和步骤巩固成果，开拓中阿能源合作的新前景
第二届	2010年1月26~28日	苏丹喀土穆	针对目前的能源挑战，必须加大新能源的开发与利用
第三届	2012年9月16~21日	中国银川	在保障全球能源安全的基础上，促进各自经济社会可持续发展
第四届	2014年11月18~20日	沙特利雅得	探讨能源领域的发展趋势，规划合作前景
第五届	2016年10月25~27日	中国北京	提出能源是中阿合作的基石

资料来源：中阿合作论坛官方网站，http://www.cascf.org，2018年7月10日。

进入21世纪，在各项不断完善的合作机制的推动下，作为构筑互利共赢中阿经贸交流与合作的重要基石，中阿能源合作在互有需求的基础上将继

[①]《2017年中国与阿拉伯国家经贸合作统计数据》，中华人民共和国商务部网站，http://xyf.mofcom.gov.cn/article/date/201803/20180302540290.shtml。

[②]《2016进出口数据商品统计》，中国海关，http://www.haiguan.info/OnLineSearch/TradeStat/StatComSub.aspx?TID=1&key=27090000。

[③]《能源合作大会》，中阿合作论坛官方网站，http://www.cascf.org/chn/jzjs/huhadha/，2014年2月10日。

续向纵深发展,尤其是要抓住共建"一带一路"的大好机遇,承前启后,夯实安全可靠的中阿能源战略合作关系。

(二)中阿合作机制不断完善

1. 中阿合作论坛

新中国成立初期对阿拉伯国家奉行的外交策略是支持并拥护阿拉伯各国的民族解放运动和巴勒斯坦人民的正义斗争,开创中国在阿拉伯国家和地区的外交新局面。1956年5月30日,中国和埃及发表《联合公报》,正式建立外交关系,埃及成为第一个与中国建立外交关系的阿拉伯国家,翻开了中国与阿拉伯世界外交关系的新篇章。自此之后的10年间,中国陆续与10个阿拉伯国家建立了外交关系。1990年7月21日,中国与沙特正式建交,完成了与所有22个阿拉伯国家正式外交关系的建立,2004年1月,时任国家主席胡锦涛出访埃及,在会见阿盟秘书长穆萨时提出了建立中阿新型伙伴关系的建议,阿拉伯各国积极响应。随后,中国和众多阿拉伯国家共同宣布正式成立"中国-阿拉伯国家合作论坛"(简称"中阿合作论坛")。

自此之后,在中阿双方长期友好交往历史的基础上,在新时期"一带一路"倡议的引领下,中国和阿拉伯各国的关系跨入了一个全新阶段。中阿双方共同致力于构建以政治、经贸、文化合作为主,统筹兼顾各个领域共同发展的中阿交流新范式,既推动了双边的互利合作,又建立了有效的双边对话机制,增进了中阿传统友谊。[1]

至今,经过中阿双方十余年的共同努力,中阿合作论坛架构和机制已逐步建立并完善,对中阿双方的深度合作发挥了极其重要的导向作用,促使中阿双方在中阿合作论坛框架范围内达成的有关决议得以顺利实施,有效推进了全方位的中阿合作与交流。[2] 作为中国与阿拉伯各国全覆盖、多渠道的关键体系,2013年9月,基于前期的成熟发展,中阿合作论坛升级为"中

---

[1] 常华:《"中阿合作论坛"的成长之路》,《阿拉伯世界研究》2010年第6期。
[2] 刘宝莱:《中阿合作关系正处在新的历史高起点上》,海外网,http://baijiahao.baidu.com/s?id=1605489297675005978&wfr=spider&for=pc。

国—阿拉伯国家博览会",以"传承友谊,深化合作,共同发展"为宗旨,以"立足宁夏,面向世界特别是阿拉伯国家和穆斯林地区,服务全中国"为定位,以"丰富和完善中阿多边交流协商机制和互动合作机制"为支撑。截至目前,中阿合作论坛已成功举办15次高官会、8届部长级会议、6届文明对话研讨会、5届能源合作大会、3届企业家大会暨投资研讨会、3届新闻合作论坛,以及环保、高教科研合作、艺术节、人力资源培训等十余项合作交流活动,真正成为构建和完善中阿战略合作的坚实平台。[1]

作为中国与发展中国家互利共赢、团结合作的典范,中阿合作论坛极大地促进了双边经贸文化关系的发展,从而在地缘亲近的基础上推动了中国与阿拉伯国家在经贸范畴的协作,为维护中国"和谐周边"创造了良好的条件。中国和阿拉伯各国之间既有现存的共同利益,又将面临共同的、全新的发展机遇,这就决定了中阿双边的深度合作与交流不会因为短期的困难和挫折而解体,而是有着必然的良好发展前景。

2. 构建中国—海合会自贸区

近现代史上,中国和阿拉伯各国都经历了沧桑巨变,走上了民族复兴的道路,当前,双方也都面临着同样的使命,这就为双边的经贸文化交流与合作提供了历史积淀和现实平台。近年来,中国坚持统筹国内、国际两个大局,兼顾国内、国际两种资源和市场;而海合会在其自身机制完善和一体化进程中,也需要维护与世界主要大国和集团的和谐关系。中国与海合会及其成员国为了共同应对经济全球化浪潮的冲击,在全面调整各自发展战略的同时,都不约而同地选择对方作为自己未来发展进程中的战略合作伙伴。中国当今已经成为有着世界影响力的大国,而目前作为区域性政治、经济组织的海合会,其在地理、民族以及跨境宗教等范畴有着特殊性,中国—海合会双方深度交往的内在需求不断显现,现实的诉求推动中阿双方必须从机制和制度层面建立日益紧密的联系。20世纪90年代以来,中国和海合会在应对金融危机等全球性问题中的战略合作就是基于双方发展阶段中的互补性,中国

---

[1] 中阿合作论坛官方网站,http://www.cascf.org,2018年7月10日。

当前坚持的"向西开放"与阿拉伯各国的"向东看"都是在当今纷繁复杂的全球环境中的顺势所为,双边的全面合作也将水到渠成。中国与海合会的合作既有超越意识形态之上的强大动力,又是建立当代公正合理的国际政治、经济新秩序的有机构成。①

表3 中国-海合会自贸区谈判进程一览

时间	地点	事件
2004年7月8日	中国北京	第一轮谈判,签署《经济、贸易、投资和技术合作框架协议》
2005年4月23、24日	沙特利雅得	就建立工作机制达成协议,初步讨论技术性贸易壁垒、货物贸易和相互投融资等问题
2005年6月20、21日	中国北京	第二轮谈判,签订《经济贸易协定》《投资保护协定》,海湾五国(沙特除外)与中国签订《避免双重征税协定》
2006年1月18、19日	中国北京	第三轮谈判,商讨关税、货物贸易市场准入以及原产地规则等内容
2006年4月3日	阿曼马斯喀特	举行三次协调会议,讨论一般货物贸易进口市场准入原则,包括减让进口关税、贸易救济、规范化非关税措施
2009年6月22~24日	沙特利雅得	第四轮服务贸易谈判,深入磋商货物贸易、自贸协定文本等问题
2011年5月2日	阿联酋阿布扎比	展开战略对话:尽快召开专家会议,落实框架协议,在各领域制订相关行动计划,尽早完成自贸区谈判
2014年1月17日	中国北京	第三轮战略对话,着重推进中国—海合会自由贸易区谈判进程
2014年3月13日	中国北京	沙特阿拉伯王国王储兼副首相、国防大臣萨勒曼·本·阿卜杜勒阿齐兹·阿萨夫阁下访问中国,中海自贸区谈判重启
2016年1月17日	沙特利雅得	中国—海合会恢复自由贸易协定谈判
2016年1月19日	沙特利雅得	习近平总书记出访沙特,为中国—海合会自贸区谈判重启注入强大动力
2016年2月29日~3月3日	沙特利雅得	第六轮谈判,商讨服务贸易、投资、经济技术合作和货物贸易遗留事宜

---

① 余泳:《中国与海湾合作委员会关系研究(1981~2000)》,上海外国语大学博士学位论文,2011,第7页。

续表

时间	地点	事件
2016年5月8~10日	中国广州	第七轮谈判,商讨服务贸易、投资、经济技术合作和货物贸易遗留事宜
2016年10月25~27日	中国北京	第八轮谈判,商讨服务贸易、投资、电子商务以及货物贸易遗留事宜
2016年12月19~21日	沙特利雅得	第九轮谈判,商讨服务贸易、投资、电子商务以及货物贸易遗留事宜,经济技术合作等章节磋商结束
2017年6月2日	中国北京	中国和海合会经历了四个回合谈判,取得颇多进展

资料来源:根据新华网相关报道整理,http://www.news.cn/。

中海自贸区谈判始于2004年7月,2009年以后暂时中止,2016年1月重启,迄今为止,已举行九轮谈判(参见表3)。进入21世纪,尤其是党的十七大以来,以经贸能源运作模式为主的中国与海合会关系逐步升温,但2010年末,一些北非、中东国家局势动荡,海合会国家也受到波及,中阿双方战略合作的迫切性进一步显现,在现有切实合作基础之上,中国与海合会恪守双边传统,从经济、政治、社会文化等一系列领域着手,加快谈判进程,既可以化解当下全球范围内诸多不稳定因素造成的困扰,又能够有效应对后金融危机时代的潜在风险。

(三)"一带一路"倡议助推中阿经贸文化交流

2013年9月至10月,中国国家主席习近平访问中亚和东南亚国家,提出共建"丝绸之路经济带"和"21世纪海上丝绸之路"的重大倡议,引起世界各国的强烈反响。同年,中国国务院总理李克强出席"中国—东盟博览会"时强调,"一带一路"建设,有利于促进沿线各国经济繁荣与区域经济合作,加强不同文明交流互鉴,促进世界和平发展,是一项造福世界各国人民的伟大事业。阿拉伯各国资源丰富,发展潜力巨大,其丰富的能源储量与中国经济发展的需求相契合,是中国推进"一带一路"建设天然的合作伙伴。截至目前,中国已经与9个阿拉伯国家签订了共建"一带一路"协议。

"一带一路"建设,资金支持是重中之重,2013年10月中国政府提出开设"亚洲基础设施投资银行"(亚投行)的倡议,包括阿联酋、埃及、科威特、阿曼、伊朗、沙特、土耳其、以色列、约旦、卡塔尔在内的众多国家积极响应,陆续成为亚投行的创始成员国。在"一带一路"倡议的推广过程中,中国的许多企业都参与了阿拉伯国家的各类基础设施建设,覆盖电力、水利、交通、建筑等,并积极推动中阿博览会、金融货币合作以及中国-海合会自贸区谈判。一方面,中阿开展"一带一路"建设,为经贸文化交流打下坚实基础,有利于中阿双方实现有效的能源需求互补、资金优势对接;有利于应对全球经济格局发生的重大变化;有利于在探索共同发展的道路上推进合作,实现共赢。另一方面,"一带一路"倡议背景下,中阿经贸合作也面临诸多问题,如一些阿拉伯国家内外环境不够安定、双边贸易结构不够多元化等,需要中阿双方革新合作范式、拓展合作领域,助推中阿经贸文化务实合作转型升级。

三 中阿经贸文化交流中的挑战

当前,全球经济局势纷繁复杂,新旧动能转换,新的经济增长动力尚未形成,反全球化思潮暗涌。中阿经贸关系的发展既面临重要的历史机遇,又面对各种问题与挑战。

(一)大国势力博弈加大中阿合作风险

阿拉伯国家比较集中的中东地区蕴藏着丰富的油气资源,是欧亚大陆的交通枢纽,是国际能源体系的核心构成,自20世纪两次世界大战之后,这些国家和地区一直因其丰富的能源和优越的地理位置成为大国争夺的焦点。阿拉伯各国和地区作为全球主要的石油供应基地,一直是美国地缘政治和能源利益密切结合的区域。2017年1月,美国总统特朗普上台,大幅度调整奥巴马政府时期的中东政策:遏制伊朗,重修并巩固美国在中东的盟友体系,承认耶路撒冷为以色列首都,各种策略的调整和变化都旨在巩固美国在阿拉伯地区的支配地位。① 同时，俄罗斯因为国力逐步恢复，不仅与埃及的外交关系持续升温，而且通过大力捍卫盟友叙利亚巴沙尔政权，巩固了其在中东的可靠支点。② 由于对中亚、中东油气资源的依赖，欧盟也非常注重在阿拉伯各国和地区经济、政治以及军事的投入。③ 整体而言，各方势力在阿拉伯各国和地区争夺愈发激烈，未来形势复杂难测，这都给中国与阿拉伯各国之间的经贸往来带来一定的安全压力。

中国和阿拉伯各国的经贸交流不断加强，国际社会和阿拉伯各国对中国的期望值越来越高。当前全球经济形势下，破解阿拉伯各国和地区局势持续动荡迫在眉睫，中国与其他大国和新兴势力在能源相关问题以及阿拉伯各国转型等重要问题上既有分歧，也有共识。就这些重要问题而言，在未来相当长的一段历史时期，在充分认识阿拉伯各国转型和国际体系转型复杂关系的基础上，中国如何平衡双边与多边外交关系，既是机遇又是挑战。中国必须清晰认识到中国当前的综合实力对阿拉伯各国的影响比较有限，如何继续推进与阿拉伯各国尤其是处于转型期的阿拉伯国家的交流，加强中国在阿拉伯各国和地区的软实力，是今后中国必须长期重视的重大课题。④

（二）中海自贸区谈判分歧犹存

2017年6月，中国商务部副部长钱克明指出："中海自贸区谈判是中国—阿拉伯国家经贸关系一个非常重要的大事，推动自贸区谈判也显示了中国和阿拉伯各国在全球经济增长乏力、贸易保护主义抬头的背景下，坚持开放共赢的经济发展方向和捍卫世界自由贸易体系的坚定决心。"⑤

海湾阿拉伯国家合作委员会（简称海合会）是中东、海湾地区最具活

---

① 代守国：《中美俄在中亚地区的经济政治利益》，齐齐哈尔大学硕士学位论文，2013，第18页。
② 刘欣路、冯刚：《中东格局演变趋势及对中国的机遇与挑战》，《国际论坛》2016年第6期。
③ 丁工：《中东局势的新动向与地区格局的新变化》，《战略决策研究》2016年第4期。
④ 刘中明、舒梦：《中阿合作论坛框架下的中阿关系》，《西亚非洲》2014年第6期。
⑤ 《商务部：中海自贸区谈判取得非常多的进展》，中国证券网，http://finance.sina.com.cn/roll/2017-06-02/doc-ifyfuzym7682626.shtml。

力的区域组织，不仅在推动海湾经济一体化过程中发挥着无可替代的作用，在发展与其他国家和地区的经贸往来的进程中也是不可或缺的。[1] 2004年，中国与海合会启动了自贸区谈判，然而，在过去的14年中，中海自贸区谈判并非一帆风顺，历经多年，仍然存在意见和分歧。谈判的阻碍主要表现在以下两个方面：其一，中海双方对于能源产品关税与市场准入问题无法达成一致意见；其二，海合会内部对国外产品的进口关税和市场准入存在分歧。[2] 与此同时，各个海合会成员国因为经济发展、国力状况不尽相同，对中海自贸区谈判的要求也各不相同：经济较为发达的沙特、阿联酋等国家希望通过控制进口来达到保护其现有经济产业的目的；而另外一些经济相对不那么发达的成员国，如阿曼、科威特，却期盼通过推动中阿经贸的发展来促进本国经济的发展，海合会成员国内部存在的问题也导致中海自贸区谈判进程困难重重。

（三）涉阿研究人才不足

一直以来，专门研究阿拉伯国家的科研机构及相关院校大都分布于中国的中东部地区，而整个西部地区相关领域的研究不仅起步相对较晚，而且成果数量也十分有限。2010年9月，中国宁夏成功举办了第一届"中阿经贸论坛"之后，有关阿拉伯国家各个领域的研究开始呈现明显的上升趋势。"中阿经贸论坛"的成功举办不仅巩固了中阿双方的传统友谊，而且加深了双方在政治、经济、文化等各个方面互惠互利的合作，同时也为中国西部地区，特别是少数民族地区带来了巨大的发展机遇。机遇的到来同时也对各类人才提出了迫切的需求，但是由于专门针对阿拉伯各国深度研究的专业人才不足，相关社会、经济、政治、文化研究的前瞻性、针对性不强，从而在一定程度上影响了中阿经贸文化交流的广度和深度发展。目前，国内针对阿拉伯各国研究的焦点主要集中在经贸及宗教领域，而对法律、社会文化等方面

---

[1] 王受文：《中海自贸区将成为双方合作的里程碑》，人民网，http://theory.people.com.cn/n1/2017/0210/c83853-29072764.html.

[2] 赵青松：《FTA建设下中国与海合会经贸关系研究》，《阿拉伯世界研究》2015年第3期。

的研究则相对不足，对一些海湾地区国家的研究成果相对丰富，而对一些中亚地区国家的研究不够充分。要抓住加快构筑面向阿拉伯各国的内陆开放型经济格局的新机遇，必须充分利用现有优势，夯实中阿人才开发合作基础，培养高层次涉阿研究人才。

（四）在阿中国企业面对激烈竞争

一直以来，中国主要向阿拉伯各国出口轻工业制成品和劳动密集型产品，而从阿拉伯国家和地区进口的产品则以原油、天然气等能源产品为主，整体来说，中阿经贸往来活动中进出口产品的结构相对单一。从内部看，无论是在操作层面还是意识领域，参与阿拉伯各国经济事务的中国企业还存在一定问题，包括：监督机制不完善、缺少责任追究制度、风险意识不足、缺乏适应当地市场需求的人才等，这都是由于在相当长的一个阶段，在阿的中国企业还没有真正建立起符合市场经济需求的现代企业制度。①

随着一些阿拉伯国家政局逐步走稳，一些在高新技术领域实力雄厚的国家逐渐意识到阿拉伯各国的市场潜力巨大；而长期以来，由于各种历史和现实的状况，阿拉伯各国比较信任这些发达国家的先进技术，且在相关领域的合作已经比较成熟。例如，2012年，阿联酋首座核电站由韩国电力公司承建，估计将于2020年正式投入使用②；2013年12月27日，沙特与日本就正式开启核电合作谈判达成一致③；2015年3月，沙特与韩国签订相关协定，斥资20亿美元在沙特建设两座核电站。④ 此外，沙特还与法国、俄罗斯、阿根廷等国签署了核能利用合作协定。由此可见，中国企业在阿拉伯各国的发展面临激烈的国际竞争。

---

① 王猛：《中阿经贸的发展与问题》，《宁夏社会科学》2012年第3期。
② 《阿联酋首座核电站完工75%》，中国国际贸易促进委员会网站，http://www.ccpit.org/contents/channel_4114/2017/0108/743387/content_743387.htm。
③ 谭秀杰：《"一带一路"中阿经贸合作的现状、挑战及对策》，《边界与海洋研究》2018年第1期。
④ 《韩国将耗资20亿美元在沙特建设核电站》，环球网，http://world.huanqiu.com/article/201503/5816758.html。

四　中阿经贸文化交流的发展建议

（一）巩固中阿交流的政治基础

目前，中国正在为实现"两个一百年"的宏伟目标而努力奋进，不断加大对外开放力度；阿拉伯国家和地区也在加速"向东看"的脚步，在巩固中阿交流政治基础与相互认同的前提下，推进双边经贸文化交流纵深发展可得到重要保障。

在中东和平进程中，中国将继续秉持一贯的外交政策，即支持阿拉伯各国依据本国国情和人民整体意愿决定发展方式和道路。就纷繁复杂的阿拉伯局势而言，中国将继续保持以往的立场和观点，从而真正奠定获得阿拉伯各国信任的战略基础。在重大的国际问题，如联合国变革、国际金融秩序革新、国际反恐联合行动、防止核扩散等范畴，中国与阿拉伯各国应进一步加强协调与磋商，维持阿拉伯各国和地区的安定，巩固中阿双方在国际领域的合作。[1] 在具体的外交实践中，中国一定会在尊重阿拉伯国家主权和安全关切的基础上，处理好不干涉内政与建设性介入的关系。[2] 中国为加强与阿拉伯各国的交流与沟通，推动中阿双边务实合作，实施了一系列政策措施，如高层引领推动、签署合作框架以及推动项目建设等，都对中阿双边增进互信、加强共识、巩固合作发挥了重要作用。随着中阿双方共同的努力和不断创新，中阿全面战略合作必将更上一层楼。

（二）加快中海自贸区谈判沟通进程

海湾阿拉伯国家合作委员会（简称海合会）是中国继东盟之后进行自

---

[1] 刘中民：《关于加强中国热点外交的若干对策思考》，《东北亚论坛》2010年第1期。
[2] 刘中民：《关于加强中国热点外交的若干对策思考》，《东北亚论坛》2010年第1期。

贸区谈判的第二个区域组织,尽管中海自贸区谈判并非一帆风顺,但是双方在推进自由贸易的基础上加强交流与合作的意愿始终如一。中国拥有超过13亿人口的市场空间,可以预见,一旦中海自贸区建成,中阿双方的贸易和投资也会如中国和东盟之间的关系一样,实现跨越式发展。此外,海合会国家沙特、科威特、阿联酋、巴林、卡塔尔、阿曼六国恰好处于"一带"和"一路"的交会点上,推进中国与海合会的经贸往来、挖掘双方的经贸发展潜力,对于调节中国未来经贸发展的地理分布以及提高中国在世界范围内的经贸地位都将发挥举足轻重的作用。

就中海货物贸易往来而言,作为海合会第二大贸易伙伴,中国仅仅排在欧盟之后,而海合会是中国的第九大贸易伙伴。将来,中国—海合会一旦达成自贸协定,双边的绝大多数产品关税将取消,原产地数据网也将建成,在各项经贸便利化举措的基础上,中国和海合会国家的企业经贸成本将大幅下降,双方的产能优势将得以充分体现。就中海的服务贸易往来而言,中国和海合会国家不仅市场容量可观、增速较快,而且服务贸易的交易受众差异明显,所有这些积极因素都为双方经贸的进一步发展奠定了良好的基础。就中海投资领域而言,中国正在进行外资管理体制改革,外资进入中国市场呈上升趋势,这也为海合会成员国到中国投资提供了良机。[1] 同时,在"一带一路"倡议的背景下,中国企业"走出去"的积极性越来越高,而海合会国家如果也能顺势进一步开放投资领域,必然会吸引中国的投资,从而真正促进海合会国家经济发展的多元化。

2016年1月,中国国家主席习近平访问沙特阿拉伯,和海合会秘书长扎耶尼进行了友好会谈。这次访问和会谈为之后中海自贸区谈判注入了强大动力,中海双方宣布恢复谈判。[2] 商务部副部长王受文说:"中阿双方的自贸区协定是高度互利共赢的,涵盖贸易、服务以及投资便利化。这个协定如

---

[1] 中华人民共和国商务部网站,http://www.mofcom.gov.cn/。
[2] 《习近平主席沙特、埃及、伊朗之行全记录》,人民网,http://cpc.people.com.cn/xuexi/n1/2016/0125/c385474-28082804.html。

果达成，将为双边经贸往来与合作创造更加优惠、便利、稳定的政策环境和制度保障，把双边合作的潜力转化为经济增长的动力。"①

（三）推动国家层面的中阿人文交流

"中阿经贸论坛"成立以来，虽然已经成功举办各种类型、各种层次的交流活动十余项，但到目前为止，中阿双方的人文交流和民间交往依然不够充分。今后，不仅应当拓展中阿双方人民相互了解的深度和广度，而且需要加强双边多元外交主体的交流，如民间团体、企业以及媒体等的相互认知，加强中国与阿拉伯各国之间的多渠道往来，使中阿经贸往来的基础更为稳固。②

目前，中国已经通过在世界多个国家和地区建立孔子学院，积极与阿拉伯各国的高校联手，设立各个层次的阿拉伯语培训机构等增进阿拉伯国家人民对中国以及中国文化的了解，从而真正促进中阿双边经贸文化交流与合作。同时，中国已经加大人才培养力度，包括培养精通阿拉伯语的人才和面向阿拉伯各国的实用型技术人才；另外，中国需要加深对阿拉伯各国社会文化的深入研究，因为想要实现中阿经贸文化交流的可持续发展，理论研究要超前，就必须加大培养专门研究阿拉伯各国经济、社会、法律的学术型人才的力度。就区域而言，中国的西部地区尤其要在现有基础上，加大引进、培养学科带头人的力度，整合研究资源。这就必须充分重视发挥高校、智库、商会的作用，开展相关课题研究，为中国与阿拉伯各国的经贸文化交流献计献策，从而加强对阿拉伯各国政治和经济发展的前瞻性研究，防范政治经济风险，使经贸、投资利益损失减少到最小限度。③总之，推进国家层面的文化传播与经贸人才交流是促进中阿经贸文化交流的有力保障。

---

① 王受文：《中海自贸区将成为双方合作的里程碑》，人民网，http://theory.people.com.cn/n1/2017/0210/c83853-29072764.html。
② 刘中民：《中东变局与世界主要大国中东战略的调整——兼论中国的中东外交》，《西亚非洲》2012年第2期。
③ 《大阿拉伯自由贸易区及加强我同阿拉伯国家贸易的建议》，http://finance.sina.com.cn/roll/20050422/094429420.shtml。

（四）推动中阿经贸文化可持续发展

长久以来，阿拉伯国家和地区在中国对外发展的各个层面都享有极为重要的地位。就政治层面而言，阿拉伯各国是中国重要的合作伙伴；就经济贸易层面而言，世界经济融合发展加速，区域经济合作欣欣向荣，中国将继续积极利用现有双边合作机制，促进区域合作蓬勃发展，而在这一过程中，阿拉伯各国是中国最真诚的战略合作伙伴；就安全层面而言，阿拉伯各国是中国维护周边安全的关键盟友。因此，"中国始终从战略高度看待和把握与阿拉伯各国的关系，发展与阿拉伯各国的友好合作始终是中国外交的优先方向"。[①]

中国"推动共建丝绸之路经济带和21世纪海上丝绸之路的愿景与行动"的提出在阿拉伯各国和地区引起了巨大反响，中阿经贸合作呈现新气象，不仅贸易额增加，而且展现出多元化发展的趋势。在中阿经贸文化交流中，摒弃利益至上的做法，宏观上来说，中国需要加强与阿拉伯各国关于治国理政经验的交流，适时增加对转型期的阿拉伯各国的投资与援助；同时，以综合治理的思路选好核心合作领域，有步骤、有计划地拓展中阿双边经贸文化交流与合作的深度和广度。就微观而言，中阿双方应该重视媒体交流与合作，加大对外宣传力度，打造强有力的宣传平台，逐步树立阿拉伯各国对中国高层次技术和新兴技术的认同感，推动中阿合作的纵深发展。

中国和阿拉伯各国的经贸交流面临着良好的发展机遇，作为贸易合作伙伴，双边未来经济的协同发展趋势一片向好，今后中阿双方将继续巩固传统贸易，升级产业结构，开发新的贸易增长点，保证双边贸易平衡，革新贸易方式，大力推动跨境电子商务等全新业态模式，健全贸易服务体系，对接中阿中长期发展规划，通过不断拓展务实合作的深度和广度，为双方关系发展提供永不枯竭的动力和源泉。

[①] 陈晓东：《继往开来，共创中阿关系美好未来》，《国际问题研究》2013年第4期。

中阿科技文化交流发展报告

汤琳琳*

摘　要： 2017年中国和阿拉伯国家开展了广泛的科技文化交流，具体表现为深化产能科技合作、推进能源科技合作、扩大基础设施科技合作、开启航天科技合作、加强民用核能科技合作、发展农业科技合作、加快科技创新合作，中阿科技合作呈现出"一带一路"新机遇下的高速发展态势；顶层设计日臻成熟，务实合作显露活力；高层交往互动频繁，政府主导多方参与。同时，中阿科技合作也存在以官方为主，民间参与不够，文化交流不畅；中阿科技总体水平较低，科技交流形式较为单一，科技创新不足；宏观战略明确，政策与服务配套体系不够清晰和完备等问题。今后的中阿科技交流应建设民间交往机制，深化中阿文化交流；培养科技人才，完善科技合作机制，推动科技创新；在顶层设计的指导下，进一步加强政策和服务配套体系。

关键词： 一带一路　中阿　科技交流

一　引言

中阿科技文化交流具有深厚的历史传统和坚实的现实基础。早在2000

---

* 汤琳琳，宁夏大学教育学院在读博士生，西北民族大学外国语学院副教授。主要研究方向为跨文化语言教育、语言政策与语言规划。

多年前，中国人民和阿拉伯人民在古丝绸之路"商使交属"，拉开了两大文明交流与合作的序幕。进入21世纪之后，中阿人民均致力于各自国家的建设事业，双方"是互惠互利的好伙伴、同甘共苦的好兄弟"①，双方交流日益频繁，合作水平不断提高。

2013年习近平总书记提出了"一带一路"倡议，"作为历史上丝路文明的重要参与者和缔造者之一，阿拉伯国家身处'一带一路'交汇地带，是共建'一带一路'的天然合作伙伴"②。"一带一路"倡议"指明了中阿集体合作的重点领域和优先方向，为中阿关系发展和论坛建设确定了行动指南"③，中阿科技文化交流进入新阶段。"一带一路"倡议提出"构建以能源合作为主轴，以基础设施建设和贸易投资便利化为两翼，以核能、航天卫星、新能源三大高新领域为突破口的'1+2+3'合作格局，加强产能合作"④等措施得到了阿拉伯国家积极响应，为中阿科技文化交流与合作指明了方向。

在该倡议的指引下，中国出台了一系列政策文件，其中2016年1月13日发布的《中国对阿拉伯国家政策文件》⑤（以下简称《文件》）包含深化全面合作、共同发展的中阿战略合作关系，中国对阿拉伯国家政策，全面加强中阿合作，中阿合作论坛及其后续行动和中国与阿拉伯区域组织关系等五部分内容⑥，成为中阿交往的纲领性文件。该文件"定格中阿交往主旋律""定位中阿战略合作关系内涵""明确中国对阿拉伯政策的基本原则""细化

---

① 《习近平中国—阿拉伯国家合作论坛第八届部长级会议开幕式讲话》，中国之声网，http://china.cnr.cn/news/20180706/t20180706_524292511.shtml。
② 《习近平中国—阿拉伯国家合作论坛第八届部长级会议开幕式讲话》，中国之声网，http://china.cnr.cn/news/20180706/t20180706_524292511.shtml。
③ 《中国对阿拉伯国家政策文件》，中国外交部网站，https://www.fmprc.gov.cn/web/ziliao_674904/tytj_674911/zcwj_674915/t1331327.shtml。
④ 《中国支持阿拉伯国家工业进程》，网易财经，http://money.163.com/16/0114/00/BD8J0K9D00253B0H.html。
⑤ 《中国对阿拉伯国家政策文件》，中国外交部网站，https://www.fmprc.gov.cn/web/ziliao_674904/tytj_674911/zcwj_674915/t1331327.shtml。
⑥ 蒋静飞：《中阿合作论坛与21世纪中阿关系研究》，上海外国语大学博士学位论文，2018。

中阿全面合作的领域及举措"①。如果说"一带一路"倡议是我国政府对于中阿合作的顶层设计，那么《文件》以"一带一路"建设为主轴，"全面规划了中阿全方位、多层次、宽领域合作格局"②，对十大领域的合作做了具体说明。在该文件的基础上，中国与阿拉伯国家在2017年开展了广泛的科技文化交流，具体表现为开启航天科技合作、扩大基础设施科技合作、加强民用核能科技合作、深化产能科技合作、发展农业科技合作、推进能源科技合作、加快科技创新合作。

二 2017年中阿科技文化交流状况

（一）深化中阿产能领域的科技交流与合作

中阿产能合作是中阿科技合作的重要组成部分。阿拉伯国家资源丰富，但总体工业化水平并不高。中国产业体系完备，科学技术成熟，中阿产能互补性高。中国贸促会副会长陈洲认为中阿产能合作"既有助于中国优势产能规模效应的实现，又有利于广大阿拉伯国家改善基础设施、改变相对单一的经济结构"，还"可以通过产业链、价值链的衔接，贸易、投资和金融合作三大引擎有效运行，推动中阿经贸合作全面升级"③。

在此《文件》的基础上，中阿不断深化产能科技合作。2017年7月，中国与阿联酋正式签署政府间合作协议和示范园正式投资协议。中阿（联酋）产能合作示范园位于阿联酋首都阿布扎比哈利法港，由中江国际集团公司牵头，联合苏州工业园区，江宁、扬州、海门等四个国家级开发区，共同组建江苏省海外合作投资有限公司，具体负责示范园投资开发和运营管

---

① 刘中民：《定位中阿战略合作关系的内涵——解读〈中国对阿拉伯国家政策文件〉》，《世界知识》2016年第4期。
② 刘中民：《定位中阿战略合作关系的内涵——解读〈中国对阿拉伯国家政策文件〉》，《世界知识》2016年第4期。
③ 《中阿产能合作从单一走向多元》，中国—阿拉伯国家博览会网，https://www.casetf.org/xwzx1/1835.html。

理，目前已经吸引了15家企业签署框架协议，投资额超60亿元[①]。根据2017年发布的《中国与阿拉伯国家产能合作发展报告》，2017年9月召开的中阿博览会国际产能合作论坛暨境外投资推介洽谈会共签约项目22个，投资金额170多亿元，涉及阿曼、阿联酋、埃及、伊拉克、毛里塔尼亚、黎巴嫩、蒙古国等国家，投资领域涵盖基础设施、矿产资源、能源化工、纺织服装、食品加工、农牧渔业、互联网旅游[②]。

2017年中阿产能领域科技合作不断深化。中阿产能合作已经从单一的贸易投资转为多种形式并存，境外的产能合作示范园已经成为助推中阿产能科技合作的新平台。

（二）推进中阿能源领域的科技交流与合作

中国"富煤少油缺气"，国内的自然资源不能满足新时代的社会建设需求，但工业体系完备，科学技术成熟，而阿拉伯国家资源丰富，但工业结构单一，经济对外依赖性较强。中国外交部中阿合作论坛事务大使李成文认为"中阿是能源领域的天然合作伙伴，合作前景广阔"[③]。

在此文件的基础上，中国与阿拉伯国家开展能源领域的高层互访。中国石油集团董事长王宜林分别于2017年1月9日与苏丹共和国总统助理、发展对华关系委员会副主席贾兹，1月10日与南苏丹共和国石油部部长盖特库斯·埃扎克埃尔·鲁尔，3月20日与沙特阿美石油公司总裁兼首席执行官阿敏·纳瑟尔举行会谈，就加强石油领域合作深入交换了意见。2017年3月28日，中石油集团总经理章建华与卡塔尔天然气运营公司首席执行官卡利德·阿尔·塞尼一行举行会谈，双方就加强LNG贸易合作进行了友好交流。

---

① 江苏省国资委网站，http://jsgzw.jiangsu.gov.cn/art/2018/4/19/art_ 11717_ 7587206.html。
② 《分享发展机遇 传递共赢强音——2017中国-阿拉伯国家博览会巡礼》，宁夏日报数字报刊—宁夏新闻网，http://sz.nxnews.net/nxrb/html/2017-09/10/content_ 2055430.htm。
③ 《共建一带一路，深化中阿能源合作》，新华网，http://www.xinhuanet.com/energy/2018-07/06/c_ 1123086380.htm。

与此同时，2017年2月，中国华信获得阿布扎比陆上油田开发项目4%的权益。2017年3月21日中石油获得了阿布扎比两个海上油田区块各10%的权益。这不仅有助于增加我国石油供应渠道，优化油气资产结构，提升经营效益，而且扩大了中国与阿拉伯国家石油公司合作范围。[1] 据统计，2017年，中国从阿拉伯国家进口原油1.57亿吨，占原油进口总量的37%。2017年我国企业对"一带一路"沿线59个国家的非金融类直接投资143.6亿美元，较2016年提高了3.5个百分点[2]。中石油集团和中国华信投资28亿美元联合收购阿联酋阿布扎比石油公司12%股权为其中最大项目[3]。2017年中石油中标沙特阿美公司哈拉德天然气管道PCC项目，中国德龙钢管与沙特阿美公司签订用于石油套管工程的直缝焊管供货合同[4]。2017年中国北方工业集团、盘锦新城工业集团与沙特阿美公司签署合作开发炼油、化工和零售联合项目，将在中国东北地区建成一个世界级石油炼化和化工一体化基地；中国电建与埃及苏赫纳精炼与石化公司共同签署了埃及苏赫纳零燃料油炼油厂项目合同[5]。

此外，中国能建2017年12月16日中标埃及开罗超临界火力发电项目。除了在传统能源领域的合作外，我国还积极加强在再生能源和清洁能源领域的合作。2017年2月，晶科能源中标阿布扎比光伏发电项目。阿布扎比水电局局长H. E Abdullah Ali Musleh Al Ahbabi评论道："该项目一旦建成，不但会成为世界最大的大型地面电站，而且上网电价将成为太阳能行业最有竞争力的价格之一。"[6]

2017年中阿能源合作得以推进，中国不仅仅是阿拉伯最大的石油进口国，

---

[1] 《中国石油在港发布2017年业绩》，中国石油网，http：//www.cnpc.com.cn/cnpc/jtxw/201803/5a300bc2dfb94c2fb2cc9999017a3a08.shtml。
[2] 《2017年我对一带一路国家沿线国家投资合作情况》，"走出去"公共服务平台网站，http：//fec.mofcom.gov.cn/article/fwydyl/tjsj/201801/20180102699450.shtml。
[3] 《2017年我对一带一路国家沿线国家投资合作情况》，"走出去"公共服务平台网站，http：//fec.mofcom.gov.cn/article/fwydyl/tjsj/201801/20180102699450.shtml。
[4] 蒋静飞：《中阿合作论坛与21世纪中阿关系研究》，上海外国语大学博士学位论文，2018。
[5] 蒋静飞：《中阿合作论坛与21世纪中阿关系研究》，上海外国语大学博士学位论文，2018。
[6] 《晶科能源中标世界最大光伏电站》，第一财经网，https：//www.yicai.com/news/5237428.html。

而且开展了包括勘探开发、储存运输、炼化分销的整条能源产业链合作①。中方拥有完备的装备、充足的资金、完整的新能源技术，可以进行规模化生产，与阿拉伯国家形成良好的互补，这些都为推进中阿能源合作开辟了通道。

（三）扩大中阿基础设施领域的科技交流与合作

在基础设施领域中，中方具有管理、技术、人力资源等优势，而阿方具有资金和市场优势，双方可以优势互补，开展合作。

中阿基础设施科技领域合作范围不断扩大。2017年8月15日中国与埃及签署了"埃及斋月十日城"市郊铁路项目②。2017年9月6日，中国—阿拉伯国家博览会高铁分会首次在宁夏银川召开，该会议既向阿拉伯国家展现中国高铁发展成就，又加强与阿方高铁交通基础设施的互联互通③。该分会邀请了阿拉伯国家联盟、阿富汗、约旦等组织和国家的政府官员、机构代表、企业家和国内相关嘉宾，共300多人参会。阿拉伯联盟助理秘书长卡玛勒·巴比克认为："中国在铁路技术方面位居世界前列，强大的实力值得信任，阿拉伯国家期待从中国铁路尤其是高铁的发展中受益。"④

中阿港口建设也进入新阶段。2017年11月5日，中运海运阿布扎比码头项目动工及场站租赁签约仪式举行，双方合作进入实质性阶段，对促进港口基础设施建设意义重大。⑤ 此外，中国建设承建的阿尔及利亚KAIS电站项目正式开工⑥。2017年，中兴通讯助力沙特智能电网建设⑦，

---

① 蒋静飞：《中阿合作论坛与21世纪中阿关系研究》，上海外国语大学博士学位论文，2018。
② 《中国高铁的阿拉伯生意在建合作项目100多个》，新浪网，http://finance.sina.com.cn/roll/2017-09-25/doc-ifymesii5614247.shtml。
③ 《"高铁"成了2017中阿博览会热词》，搜狐网，http://www.sohu.com/a/190428733_267106。
④ 《"高铁"成了2017中阿博览会热词》，搜狐网，http://www.sohu.com/a/190428733_267106。
⑤ 蒋静飞：《中阿合作论坛与21世纪中阿关系研究》，上海外国语大学博士学位论文，2018。
⑥ 《中国建设承建阿尔及利亚KAIS电站项目开建》，腾讯网，http://fj.qq.com/a/20170322/025273.html。
⑦ 《中兴通讯将在沙特构建智能电网》，搜狐网，http://www.sohu.com/a/125380996_114731。

中土集团与华为公司签订阿尔及利亚光纤入户项目设计施工合同并顺利开工①。

2017年中阿基础设施合作范围扩大到水、陆、空、电力、通信、卫星等基础设施领域，提高了阿拉伯国家基础设施水平。

（四）开启中阿航天领域科技合作交流

阿拉伯国家作为世界主要的能源输出地，为了摆脱对国际经济市场的依赖，均衡产业结构，开始将目光转向航天事业，希望与航天大国合作，发展本国航天事业。中国的航空航天事业近年来发展迅速，成就斐然。中国在航天领域的成就给阿拉伯国家带来信心。

2017年2月，中国亿航184自动驾驶飞行器在迪拜试飞②。2017年9月召开的以"构建陆空丝绸之路 深化国际物流合作"为主题的中阿国际物流合作洽谈会，旨在贯彻落实国家"一带一路"倡议，深入开展政企对话与政策交流，共同探讨和分享"一带一路"国际物流合作的路径和经验。同时，"一带一路"国际物流合作论坛、航空物流圆桌会议、铁路物流圆桌会议等论坛研讨、项目签约、现场考察等多项活动促进了相关合作的达成③。

2017年4月，中国和沙特联合举办"北斗导航系统研讨会"④。2017年5月，第一届中阿北斗合作论坛在上海召开，并签署中阿在卫星导航领域合作交流的重要成果文件《第一届中阿北斗合作论坛声明》⑤。2017年12月11日中国为阿尔及利亚发射了"阿尔及利亚一号通信卫星"，这标志着双方在航空航天领域的合作进入一个新阶段。

---

① 蒋静飞：《中阿合作论坛与21世纪中阿关系研究》，上海外国语大学博士学位论文，2018。
② 新华网，http://www.xinhuanet.com/2017-09/06/c_1121618193.html。
③ 中国网，http://chuangxin.haiwainet.cn/n/2017/0908/c348217-31108737.html。
④ 《中国北斗导航系统走进沙特阿拉伯市场》，人民网，http://military.people.com.cn/n1/2017/0421/c1011-29226889.html。
⑤ 《〈第一届中阿北斗合作论坛声明〉在沪签署》搜狐网，http://finance.ifeng.com/a/20170524/15406081_0.shtml。

2017年中阿开启航空领域合作,有利于我国国际太空合作从碎片化合作向一体化合作迈进,从被动"突围"转为主动"布局",打造国际太空合作新格局①。

(五)加强中阿民用核能源领域的科技交流与合作

阿拉伯国家希望通过大力开发核能来满足核电安全、海水淡化、净化温室气体排放的需求,但是很多阿拉伯国家或地区却极度缺乏核能力,基础设施不完善,有关核能方面的专业科学家及技术人才极为不足。中国在核能领域的成就可以很好地弥补阿拉伯国家的核能力不足。

2017年4月12日,由商务部主办、中核集团中国中原对外工程有限公司协办的2017年阿盟国家核能机构决策者研修班在京开班。此次研修班为中阿核能合作交流创造机会,为中核集团与阿盟地区加深合作拓宽渠道,助力"一带一路"建设。②

2017年中国加强与阿拉伯国家在民用核能源领域的合作。中阿在核能方面的合作既有益于推动中国核能技术开展对外合作,也有助于阿拉伯国家改变原有的能源布局,改善当地的生态环境。

(六)发展中阿农业领域的科技交流与合作

无论是中国还是阿拉伯国家,都属于发展中国家,农业在国民经济中均占有重要地位。阿拉伯国家有着良好的农业发展基地,如产棉基地埃及、土地肥沃的苏丹、世界第二大橄榄油生产国突尼斯等。中国拥有悠久的农耕历史和完善的农耕技术。双方均致力于发展农业,中阿农业合作前景广阔。

2017年3月,中华农业部总农艺师孙中华率中国农业代表团访问苏丹并出席第三届阿拉伯农业投资大会,28家中国农业企业参加了大会。中阿

---

① 蒋静飞:《中阿合作论坛与21世纪中阿关系研究》,上海外国语大学博士学位论文,2018。
② 《中核集团为阿盟国家核电机构决策者开展研修培训》,新浪网,https://cj.sina.com.cn/article/detail/2369516173/215207。

建立了农业合作论坛和技术转移中心,开展定期交流互动。① 2017年4月20日,中方代表张建龙访问埃及,就加强农业、防沙治沙领域合作与埃及代表进行了会谈,并签署了《中国国家林业局与埃及农业和农垦部关于林业合作的谅解备忘录》②。2017年9月中国-阿拉伯博览会农业合作论坛在银川举办。来自埃及、苏丹等33个"一带一路"沿线国家农业部门的官员、专家、驻华使节和中国16个省市自治区农业厅局代表、专家、采购商等参加了会议。会议提倡推动中阿农业科技合作,促进农产品贸易合作,推动农业投资合作,完善农业合作机制。③

(七)加快中阿科技创新领域的交流与合作

中阿科技交流与合作既是发展本国经济的需要,也可以增强彼此了解,推动中阿关系全面发展。

中阿科技创新领域迎来新高潮。2017年1月由宁夏回族自治区科学技术厅、中阿技术转移中心、中阿(阿拉伯科技与海运学院)技术转移中心联合主办的"面向阿拉伯国家科技创新创业培训班"在银川正式开班。此次培训班分别在银川和北京两地举办,为期15天。来自埃及、伊拉克、摩洛哥、苏丹、突尼斯、也门等阿拉伯国家科技管理部门、科研院所、大学和企业等机构的20多名学员参加培训班。④ 2017年5月14日,习近平总书记在"一带一路"国际合作高峰论坛上表示中国愿同各国加强创新合作并启动《"一带一路"科技创新合作行动计划》。该计划包括开展科技人文交流、共建联合实验室、科技园区合作、技术转移等四项行动⑤,及在未来5年内安排青年科学家2500人次来华从事短期科研工作,培训科学技术和管理人

---

① 中国农业部网站,http://jiuban.moa.gov.cn/zwllm/zwdt/201703/t20170301_5500312.html。
② 国家林业和草原局网站,http://slzy.forestry.gov.cn/main/113/20170421/970532.html。
③ 《2017"中国-阿拉伯国家博览会"9月6日在宁夏举办》,搜狐网,http://www.sohu.com/a/145698331_162522。
④ 中国科技部网站,http://www.cistc.gov.cn/infoDetail.html?id=91926&column=205。
⑤ 《光明日报:以实干精神推进"一带一路"建设》,中工网,http://comment.workercn.cn/450/201808/23/180823071718063.shtml。

员 5000 人次，投入运行 50 家联合实验室[1]。2017 年 5 月 9 日，"中国和阿拉伯国家科技转化与科技战略"学术研讨会在中国科学院科技战略咨询研究院举行，中阿双方共 60 余人参加了会议[2]。

2017 年 9 月在中阿博览会上中阿技术转移暨创新合作大会、中阿高新技术及装备展、中阿技术对接会等科技交流合作活动成功举办，取得丰硕成果，共吸引约 20 个阿拉伯及"一带一路"沿线国家的 400 多位嘉宾和 10 多位政要参加中阿技术转移与创新合作大会，产生重要智库思想 11 条，签约落地了 20 多个合作项目，启动了中阿技术转移中心及 8 个双边中心、中阿技术转移综合信息服务平台；组织包括国家大院大所、知名企业、科研单位在内的 100 多家参展单位，集中向阿拉伯国家展示我国高速铁路、核能利用、航空航天、信息通信、智能制造、新能源、现代农业等 200 多件先进装备和相关高新技术，先后吸引了约 16 万人次参观，与阿拉伯国家相关机构达成技术出售转移协议 3 亿多元；组织了 9 场务实高效的技术对接洽谈会，与阿方达成了 60 多项科技合作意愿，签订了 20 多项合作协议或合作备忘录，推动一大批先进技术成果转移转化。[3]

2017 年中国主要通过成功搭建中阿技术转移平台、加强中阿技术转移人才队伍建设、开展中阿博览会科技板块等活动[4]来推动中阿科技创新领域的交流与合作。

三 中阿科技文化交流的特点分析

（一）"一带一路"新机遇下，中阿科技合作高速发展

"一带一路"倡议为中阿科技文化交流与合作提供了新机遇，中阿科技

---

[1] 《光明日报：以实干精神推进"一带一路"建设》，中工网，http://comment.workercn.cn/450/201808/23/180823071718063.shtml。
[2] 宁夏政府网站，http://www.casipm.ac.cn/xwzx/zhxw/201705/t20170510_4786088.html。
[3] 宁夏政府网站，http://www.nx.gov.cn/ztsj/zt/ydyl/201801/t20180102_657872.html。
[4] 《宁夏推动中阿科技合作取得丰硕成果》，中华人民共和国科学技术部，http://www.most.gov.cn/dfkj/nx/zxdt/201801/t20180102_137328.htm。

合作进入高速发展时期。纵观中阿文化交流历史，古代丝绸之路时期中阿因商旅往来，在唐朝和元朝有过科技文化交流高峰时期，但受当时的生产力所限，中阿科技文化交流的规模、水平和速度都远落后于现代，国与国的科技合作更无从谈起。后来由于海上丝绸之路的兴起导致亚欧大陆贸易转移、中阿国内战乱频发，以及古代中国保守封闭的文化政策，中阿科技文化交流最终走向衰落。

20世纪前半叶，中国和阿拉伯国家科技文化水平远落后于西方国家，成为西方科学的学习者和跟随者，中阿科技交流由于动荡的国内外局势，生产力水平停滞不前。新中国成立后，20世纪五六十年代中国迎来了与阿拉伯国家建交高潮，但是由于二战后，无论是中国还是阿拉伯国家都停留在百废待兴的局面，没有完善的现代科学体系，整体科技水平仍然较低，随后"文化大革命"更是关闭了中阿科技文化交流的大门。

改革开放后，中国与阿拉伯国家签署了众多的合作协议，中阿科技文化交流开始复苏。一系列协定的签署带动了中阿科技文化的交流与合作，但是这一阶段的交往主要以文化交流为主，科技与教育合作较少，合作领域较窄，而且都是由双方政府主导的官方合作，政治色彩较浓，民间合作较少。

自2015年开始，中阿科技文化交流与合作迎来了新的高峰。中国科学技术部网站登载关于中阿科技文化交流的相关信息70条，其中52条都发表在2015年之后（含2015年）。如前所述，我国政府2013年提出"一带一路"倡议，2016年1月13日发布《中国对阿拉伯国家政策文件》，2017年中国和阿拉伯国家已经在产能、能源、基础设施、航天、民用核能、农业和科技创新等多领域开展科技交流与合作。仅仅四年时间，中阿就完成了从战略部署到多领域合作，而且其中既有政府合作，也有政府与企业的合作、企业与企业的合作。可见中阿科技合作进入高速发展时期，开启多层次多领域合作。

（二）顶层设计日臻成熟，务实合作显露活力

"一带一路"倡议提出之前，我国与阿拉伯国家的科技交流与合作主要通

过"中阿合作论坛"展开。该论坛是政府主导的合作平台，执行力强，效率高，在过去的十几年中发挥了重要的作用，为中阿共同发展注入了活力。

"一带一路"倡议是中国在新的历史背景之下提出的。21世纪以来，国际形势纷繁复杂，不断出现新的局面和新的问题，如国际金融危机的深层影响，世界经济的发展分化，国际贸易格局和多边贸易规则的调整，全球出现世界多极化、经济全球化、文化多样化、社会信息化的潮流。"世界经济增长需要新动力，发展需要更加普惠平衡，贫富差距鸿沟有待弥合。地区热点持续动荡，恐怖主义蔓延肆虐。和平赤字、发展赤字、治理赤字，是摆在全人类面前的严峻挑战。"[1] 为了应对这样的挑战，我们必须"打造开放型合作平台，维护和发展开放型世界经济，共同创造有利于开放发展的环境，推动构建公正、合理、透明的国际经贸投资规则体系，促进生产要素有序流动、资源高效配置、市场深度融合"。[2]

21世纪的科学技术对于人类生活的影响愈发强烈，世界各国都已经认识到科技对生产力的推动作用，开始致力于发展本国科技，推动经济发展继而增强国力。"我们要促进科技同产业、科技同金融深度融合，优化创新环境，集聚创新资源。"[3] 作为发展中国家的中国和阿拉伯国家均面临着严峻的国际形势，目标相同，互利互惠，科技合作意愿也越发迫切。中阿要想找到重点任务，扩大互补优势，就必须有顶层设计，才能为中阿科技合作指明方向，确立重点。"一带一路"倡议正是这样的顶层设计，而《中国对阿拉伯国家政策文件》则是在这样的顶层设计之下制定的中阿交往的纲领性文件。在该文件的基础上，中国与阿拉伯国家在2017年开展了广泛的科技文化交流，所取得的成绩昭示出中阿务实合作显露活力。

---

[1] 《习近平在"一带一路"国际合作高峰论坛开幕式上的演讲》，人民日报，http://cpc.people.com.cn/n1/2017/0514/c64094-29273979.html。
[2] 《习近平在"一带一路"国际合作高峰论坛开幕式上的演讲》，人民日报，http://cpc.people.com.cn/n1/2017/0514/c64094-29273979.html。
[3] 《习近平在"一带一路"国际合作高峰论坛开幕式上的演讲》，人民日报，http://cpc.people.com.cn/n1/2017/0514/c64094-29273979.html。

（三）高层交往互动频繁，政府主导，多方参与

"一带一路"倡议提出后，中阿高层互动较以前更加频繁（见表1）。

表1　2017年与2013年中阿高层互访对比

2017年		2013年	
日期	互访内容	日期	互访内容
1.11~1.12	苏丹总统助理、发展对华关系委员会副主席阿瓦德·艾哈迈德·贾兹访华	1.7~1.14	国家发展与改革委员会副主任张晓强访问沙特
1.24	"中东地区发展论坛"在北京大学举行，中国外交部副部长张明出席开幕式并讲话。阿盟秘书长代表沙菲、伊斯兰合作组织及其他伊斯兰国际组织关系特别代表及部分阿拉伯国家驻华使节参加活动	3.24~3.29	阿拉伯联合酋长国议长莫尔对中国进行访问
2.18	外交部长王毅出席慕尼黑安全会议期间会见沙特外交大臣阿德尔·朱拜尔	4.6~4.8	阿尔及利亚民主人民共和国民族院议长阿卜杜勒卡德尔·本萨拉赫来华参加博鳌亚洲论坛2013年年会
3.15~3.18	沙特阿拉伯国王萨勒曼·本·阿卜杜勒—阿齐兹·阿勒沙特对中国进行国事访问	4.8~4.10	中阿合作论坛首届中国–阿盟卫生高官会在北京举行。埃及卫生部副部长及21个阿拉伯国家卫生官员出席了会议
4.6~4.10	中国外交部中阿合作论坛事务大使李成文访问埃及、科威特，并访问了位于开罗的阿盟秘书处	4.11	摩洛哥外交与合作部秘书长布里达访华
4.12~4.15	巴勒斯坦外交部长利雅得·马立基对中国进行正式访问	4.18~4.21	中国非洲事务特别代表钟建华访问苏丹
4.13	中国中东问题特使宫小生访问埃及	4.19	摩洛哥国王特使、国王顾问塔伊布一行访问中国
4.16~4.17	中国外交部亚非司长邓励访问阿尔及利亚、突尼斯	5.5~5.7	巴勒斯坦国总统马哈茂德对中国进行国事访问
4.20~4.21	中国国务院副总理刘延东对约旦进行正式访问	5.13~5.19	沙特阿拉伯外交大臣沙特亲王访问中国

续表

2017年		2013年	
日期	互访内容	日期	互访内容
4.23	中国政府叙利亚问题特使解晓岩访问埃及	5.29~5.30	中阿合作论坛第十次高官会在北京举行。阿拉伯各国及阿盟代表团团长及21个阿拉伯国家外交部高级官员与会
4.24	中国外交部长王毅在雅典出席"文明古国论坛"首届部长会期间会见了埃及外长萨马赫·舒克里、伊拉克外长易卜拉欣·贾法里	6.7~6.10	阿拉伯国家政治精英代表团访华
5.1~5.2	阿联酋外交与国际合作部长阿卜杜拉·本·扎耶德·阿勒纳哈扬对中国进行正式访问,并举行两国政府间合作委员会首次会议	6.17~6.19	中国非洲事务特别代表钟建华访问苏丹
5.16	科威特宫廷事务大臣纳赛尔·萨巴赫,沙特能源、工业和矿产资源大臣哈立德·法利赫,阿联酋国务部长扎耶德·本·苏尔坦,巴勒斯坦总统府秘书长阿卜杜拉希姆·塔伊布等出席"一带一路"在北京举行的国际合作高峰论坛,埃及总统阿卜杜勒等领导人出席会议	6.27~6.28	中阿合作论坛"第五届中阿关系暨中阿文明对话研讨会"在新疆乌鲁木齐举行,20个阿拉伯国家和阿盟的近百名官员代表与会
5.19	中国外交部长王毅对毛里塔尼亚进行正式访问	8.12~8.15	中国非洲事务特别代表钟建华访问苏丹
5.22~5.23	中国-阿拉伯国家合作论坛第十四次高官会在北京举行。中国外交部副部长张明出席会议开幕式并致辞。会议由论坛中方秘书处秘书长、外交部亚非司司长邓励和阿方主席、阿尔及利亚驻阿盟代表阿拉巴维共同主持,来自21个阿拉伯国家和阿盟秘书处的高级别官员及阿拉伯国家驻华使节与会	8.21~8.26	苏丹外交部长阿里·艾哈迈德·库尔提访问中国
5.24	首届中阿北斗合作论坛在北京举行,来自阿拉伯国家和阿盟的技术专家,在华出席中阿合作论坛第十四次高官会的阿拉伯国家外交部高官以及国内相关部委代表、北斗研发应用机构负责人等约200人与会	8.22~8.28	索马里副总理兼外交部长福西亚·优素福·哈吉·阿丹对中国进行正式访问
5.29	中国中东问题特使宫小生访问巴勒斯坦	9.11~9.13	突尼斯总理府经济事务部长里达来华参加"2013夏季达沃斯论坛"

续表

2017年		2013年	
日期	互访内容	日期	互访内容
6.12~6.14	中国外交部亚非司司长邓励访问苏丹、卡塔尔	9.15~9.19	"2013中国-阿拉伯国家博览会"在宁夏银川举行，约旦国王阿卜杜拉二世、巴林国王哈马德等政要出席并对中国进行国事访问
6.15~6.17	中国叙利亚问题特使解晓岩访问黎巴嫩、叙利亚	9.23~9.27	也门国防部长穆罕默德·纳赛尔·艾哈迈德访华
6.12~6.18	中国外交部中阿合作论坛事务大使李成文访问阿曼、阿联酋、巴林、科威特	9.24	中国外交部长杨洁篪在纽约出席第68届联大期间，集体会见了海合会现任轮值主席国巴林外交大臣哈立德，下任轮值主席国科威特副首相兼外交大臣萨巴赫和海合会秘书长阿卜杜拉提夫·扎耶尼
6.19~6.22	中国中东问题特使宫小生访问摩洛哥、突尼斯	9.25	中国外交部长杨洁篪在纽约出席第68届联大一般性辩论期间，会见阿盟秘书长纳比勒·阿拉比
6.21~6.22	中国外交部副部长张明访问科摩罗	10.23~10.27	阿联酋经济部对外贸易事务助理副部长朱马·穆罕默德率60人商务代表团赴中国广州参加第114届广交会
6.22~6.23	中国外交部长王毅对约旦、黎巴嫩进行正式访问	11.4	中国-海湾合作委员会第三轮战略对话在北京举行。外交部长王毅与海湾合作委员会轮值主席国巴林外交大臣哈立德·本·艾哈迈德·阿勒哈利法共同主持，海湾合作委员会下任轮值主席国科威特副首相兼外交大臣萨巴赫·哈立德·哈马德·萨巴赫和阿拉伯联合酋长国能源部长苏海勒·穆罕默德·马兹鲁伊、沙特阿拉伯外交事务国务大臣纳扎尔·欧拜德·迈达尼、海湾合作委员会秘书长阿卜杜拉提夫·扎耶尼及其他成员国代表出席
7.17~7.20	突尼斯共和国外交部长赫米斯勒·朱海纳维对中国进行正式访问	11.12~11.15	也门总统阿卜杜拉布对中国进行正式友好访问

续表

2017年		2013年	
日期	互访内容	日期	互访内容
7.17~ 7.20	巴勒斯坦国总统马哈茂德·阿巴斯对中国进行国事访问	11.29~ 12.8	中国外交部前副部长、中阿合作论坛研究中心理事会高级顾问杨福昌大使率中阿合作论坛研究中心专家学者代表团访问科威特、约旦、埃及三国
7.20	卡塔尔外交大臣穆罕默德·本·阿卜杜拉赫曼·阿勒萨尼对中国进行工作访问	12.1~ 12.2	约旦外交与侨务大臣纳赛尔·朱达对中国进行访问
8.18	沙特王储穆罕默德特使,能源、工业和矿产大臣哈立德·法利赫访华	12.4	苏丹财政和国民经济部长巴里·马哈茂德·穆罕默德·阿卜杜拉苏勒访华
8.21~ 8.28	中国国务院副总理张高丽访问科威特、沙特、苏丹,并在沙特出席中沙高级别联合委员会第二次会议	12.9~ 12.10	中阿合作论坛第五届企业家大会暨投资研讨会在四川成都举行,苏丹矿业部副部长阿巴斯·萨利赫及阿方有关政府官员参会
9.5	埃及总统阿卜杜勒·法塔赫·塞西等领导人出席新兴市场国家与发展中国家对话会	12.14~ 12.16	埃及外交部长纳比勒·法赫米对中国进行正式访问
9.11~ 9.13	突尼斯总理府经济事务部长里达·赛伊迪来华参加"2013夏季达沃斯论坛"	12.17~ 12.27	中国非洲事务特别代表钟建华访问苏丹
9.15~ 9.19	"2013中国-阿拉伯国家博览会"在宁夏银川举行,约旦国王阿卜杜拉二世、巴林国王哈马德等政要出席并对中国进行国事访问	12.18~ 12.25	中国外交部长王毅访问巴勒斯坦、阿尔及利亚、摩洛哥、沙特阿拉伯等国,并在耶路撒冷出席巴以和平人士座谈会
2017年		2017年	
日期	互访内容	日期	互访内容
9.19	第二届中国-阿拉伯国家妇女论坛在北京举办。全国人大常委会副委员长、全国妇联主席沈跃跃出席论坛开幕式并致辞	9.24	中国外交部长杨洁篪在纽约出席第68届联大期间,集体会见了海合会现任轮值主席国巴林外交大臣哈立德,下任轮值主席国科威特副首相兼外交大臣萨巴赫和海合会秘书长阿卜杜拉提夫·扎耶尼
9.21	中国外交部长王毅在纽约出席联合国大会期间会见阿盟秘书长艾哈迈德、索马里总理哈桑、叙利亚副总理兼外长瓦立德	9.25	中国外交部长杨洁篪在纽约出席第68届联大一般性辩论期间,会见阿盟秘书长纳比勒·阿拉比
9.23~ 9.27	也门国防部长穆罕默德·纳赛尔·艾哈迈德访华	9.26~ 9.28	约旦哈希姆王国外交与侨务大臣阿伊曼·萨法迪对中国进行正式访问

续表

2017 年		2017 年	
日期	互访内容	日期	互访内容
11.2	中国中东问题特使宫小生访问巴勒斯坦	11.29~12.8	中国外交部前副部长、中阿合作论坛研究中心理事会高级顾问杨福昌大使率中阿合作论坛研究中心专家学者代表团访问科威特、约旦、埃及三国
11.16~11.17	摩洛哥王国外交与国际合作大臣纳赛尔·布里达对中国进行正式访问	12.6~12.7	中国外交部部长助理陈晓东访问阿曼
11.22~11.24	吉布提共和国总统伊斯梅尔·奥马尔·盖莱对中国进行国事访问	12.22~12.27	沙特王储穆罕默德特使,能源、工业和矿产大臣哈立德·法利赫访华

从表1可以看出,2013年高层互访内容多是政治领域的国事访问,也有经贸和卫生领域的会谈;而2017年高层互访除了国事访问之外,还包括能源、航天、安全、文化等多个领域,涵盖范围更广,参与的国家也更多。"一带一路"倡议提出后,中阿高层互访频繁,共同参加国际会议,有效地推动了中阿的政治互信,加深了中阿各国的互相了解,增强了"一带一路"的国际影响力。

从2017年中阿科技文化交流与合作状况可以看出,中阿科技合作主要还是以政府为主导,由政府搭建平台和路径。中阿政府主要负责协调、沟通和组织,进行顶层设计,提出纲领性文化,为具体行动提供指引,促进多方参与对话。与以往相比,国企不再是一家独秀,中阿科技合作由不同政府、非政府主体、国有企业和民营企业多方参与。

四 中阿科技文化交流的问题与建议

(一)中阿科技交流与合作中存在的问题

尽管随着"一带一路"倡议的提出,中阿科技交流进入一个新的高峰期,但是仍然存在诸多问题:以官方为主,民间参与不够,文化交流不畅;

中阿科技总体水平较低，科技交流形式较为单一，科技创新不足；宏观战略明确，中观和微观层面的政策与服务不够清晰和完善。

1. 中阿科技交流以官方为主，民间参与不够活跃

以 2017 年中阿科技合作为例，中国与阿拉伯国家深化产能领域科技交流与合作、推进能源领域科技交流与合作、扩大基础设施领域科技交流与合作、开启航天领域科技交流与合作、加强民用核能领域科技交流与合作、发展农业领域科技交流与合作、加快科技创新领域交流与合作，都是以政府为主导，国企为主体。民间资本和民营企业参与相对较少。

之所以会出现这种情况，一方面是历史原因。正如前文所述，历史上中国科学技术以实用科学为主，主要服务于封建自然经济和封建统治，中国古代的科学技术以"官办"为主，是通过工匠和知识分子，逐步发展起来的。进入 20 世纪，由于内忧外患，中国失去了完整的领土和独立的主权，新中国成立后又出现了"文化大革命"。改革开放后，我国为了搞好经济建设，提高人民生活水平，赶上世界发达国家的科技水平，举全国之力发展科学技术，很多重大科学技术的突破都有赖于政府和大型国有企业。民营企业的科技水平较低，用于研发的资本有限，对于高科技人才的吸引力较弱，这些都导致民营企业在中阿科技文化交流中处于弱势，甚至在有些领域"缺席"。另一方面，中国与阿拉伯国家尽管有着悠久的交往历史，但是双方民众缺乏深度的相互了解。进入 21 世纪以后，民族主义抬头，极端主义蔓延，不仅极大地危害了阿拉伯地区的和平与发展，也蔓延到中国，给中国边疆的和平与安全带来挑战。全球化背景下民族主义抬头，一些极端的激进分子实施暴恐行为，如美国的"9·11事件"。同时西方国家在新中国成立之初采取诽谤、诋毁、孤立等策略，用各种媒体抹黑新中国，造成一部分阿拉伯民众对中国也存有成见和偏见。由于信息沟通不畅，复杂的国际形势，有差异的中华文明和伊斯兰文明，中国与阿拉伯国家人民之间存在一定的交际障碍和文化隔阂，也导致了民间合作不够活跃，民营企业在中阿科技合作方面参与度不够。

2. 中阿科技水平总体较低，科技交流形式较为单一，科技创新不足

从中国与有关国家合作领域和规模（图1）可以看出，中美合作、中欧

合作是中国对外科技合作的主要组成部分，远比中阿科技合作规模大。中国与阿拉伯国家的科技合作同中国与美国、日本以及欧洲国家的科技文化交流还存在较大的差距。

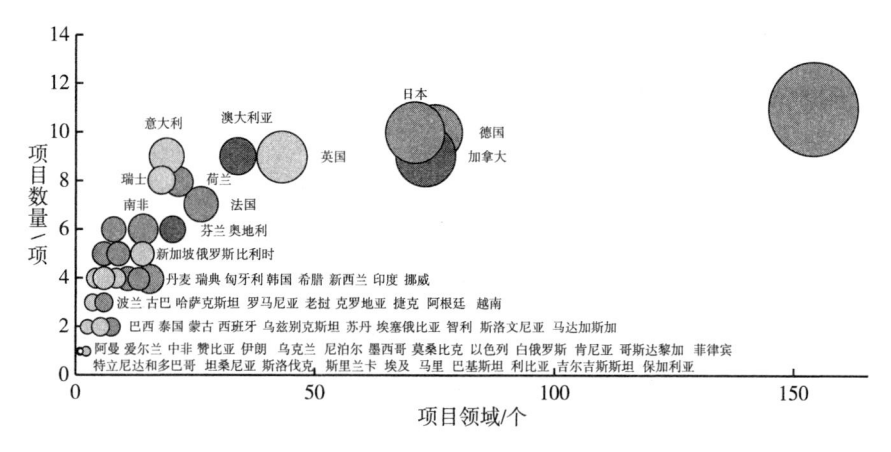

图1　中国与有关国家合作领域和规模特征

资料来源：霍宏伟等《中外政府间协议框架下国际科技项目合作网络研究》，《管理学报》2017年第7期。

之所以出现这样的差距，有以下两方面原因。

一方面是中国和阿拉伯国家的科技水平与发达的资本主义国家相比还有一定差距；另一方面是中国与阿拉伯国家的科技文化交流体制较为单一（图2）。

从图2可以看出，在合作研究、人员交流、平台建设、技术标准合作以及技术引进等方面，中阿与中国同其他重点区域国家的合作机制都存在一定差距，目前中阿科技交流多以人员交流和合作研究为主，平台建设、技术标准合作、技术引进方面的合作机制还有待于进一步加强。

因此中阿之间的科技文化合作尽管发展迅速，规模不断扩大，但多以零散的机构合作为主，双边合作较多，多边合作较少，尽管涵盖了大部分的科技合作领域，却未形成集团优势，目前大多停留在技术的交流和引入，科技创新不足。此外，"综合性研究机构和高等院校因自身规模大、包含学科领域众多，容易同合作伙伴国相关机构和院所建立合作伙伴关

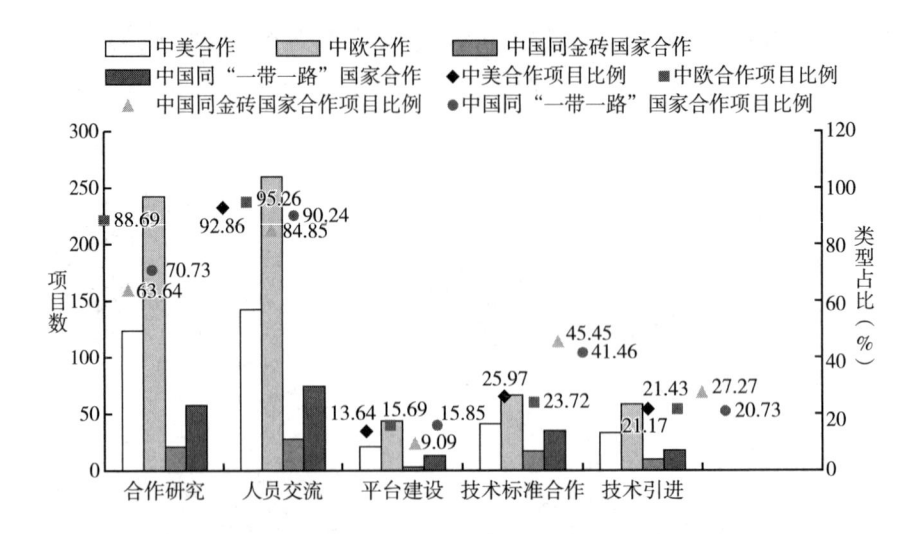

图例：
- 中美合作
- 中欧合作
- 中国同金砖国家合作
- 中国同"一带一路"国家合作
- ◆中美合作项目比例
- ■中欧合作项目比例
- ▲中国同金砖国家合作项目比例
- ●中国同"一带一路"国家合作项目比例

图 2　中国同重点区域国家开展国际合作特征

数据来源：霍宏伟等《中外政府间协议框架下国际科技项目合作网络研究》，《管理学报》2017 年第 7 期。

系。在竞争双多边政府间科技合作协议框架下的项目时，具有明显优势"。① 由于大多数阿拉伯国家都属于发展中国家，高校和科研院所综合能力相对较弱，中阿科技合作交流多集中在实用技术领域，基础理论合作和高端科技合作仍然不足②。

3. 宏观战略明确，中观和微观层面的政策与服务不够清晰和完善

"一带一路"倡议的提出受到了广大阿拉伯国家的响应，是我国政府对于中阿科技合作的顶层设计，而《文件》对十大领域的合作做了具体说明，是中阿科技合作的指南。

然而中阿地理位置相隔遥远，尽管中阿人民友谊历史悠久，历久弥新，但是一直以来双方缺乏对彼此的了解。进入 21 世纪以来，国际形势纷繁复杂，阿拉伯世界的权力结构也在发生变化，阿拉伯各国在政治上也出现了多元化的趋势，对于本国发展和对中国的需求都不尽相同。中东剧变的爆发、"伊斯

---

① 霍宏伟等：《中外政府间协议框架下国际科技项目合作网络研究》，《管理学报》2017 年第 7 期。
② 霍宏伟等：《中外政府间协议框架下国际科技项目合作网络研究》，《管理学报》2017 年第 7 期。

兰国"的兴起、伊斯兰教逊尼派什叶派之间长期存在的纷争等导致阿拉伯国家内部出现了分歧，但是中国人民长期以来习惯于将阿拉伯看作一个整体，忽视了阿拉伯国家政治多元化的倾向。随着中阿科技文化的交流和合作不断加深，其涵盖的范围会越来越广，参与的主体也会日益多元化，利益诉求也会越发不同。就中阿科技合作而言，以前的合作主体主要是国家政府或地方政府，现在越来越多的高校、科研机构以及企业参与其中，合作领域也发展到《文件》中提到的十大领域。中阿科技合作不能用"一把钥匙开所有的锁"。相对于高瞻远瞩的顶层设计，中观和微观的政策和服务还不够清晰和完善。

（二）中阿科技合作的建议

中国和阿拉伯国家的科技文化的交往和交流不仅起到相互促进的作用，而且也沟通了东西方的文化交流交融，进一步促进了世界科技文化的发展。在日益全球化的今天，中阿科技交流较以往具有更重要的现实意义。为了应对中阿科技交流与合作中出现的问题，我们可以建设民间交往机制，深化中阿文化交流；培养科技人才，完善科技合作机制，推动科技创新。

1. 建设民间交往机制，深化中阿文化交流

如前所述，民营企业的科技水平较低，用于研发的资本有限，对于高科技人才的吸引力较弱，信息沟通不畅；复杂的国际形势，有差异的中华文明和伊斯兰文明，中国与阿拉伯国家人民存在一定的交际障碍和文化隔阂，都导致了中阿民间科技合作不够活跃，中阿科技合作主要靠政府推动。为了解决这一难题，我们可以参考美国民间基金会、日本民间企业等与非洲国家科技合作的民间机制建设，建设民间交往机制，扩大科技合作主体和范围，提高中阿科技合作的竞争力。

在建立民间交往机制的同时，我们也应深化中阿文化交流。中阿双方的学者、媒体工作者、科研工作者、研究机构、留学生都应承担起这个重任。他们是沟通中阿文化的桥梁，是推动中阿关系发展的实践者。通过他们，可以深入了解中阿双方的分歧所在，消除双方的误解和成见，加强彼此的了解与合作，探索共同的价值理念，推动中阿文化交流不断深化。

2. 培养科技人才，构建多层次的科技交流平台与灵活的合作机制，推动科技创新

为了提高中阿科技的整体水平，科技人才的培养显得尤为重要。根据霍宏伟等学者统计和分析的中外政府间协议框架下国际科技项目合作的网络研究，"双多边政府间科技合作协议框架下项目合作是一种互利共赢的合作方式；合作规模和层次同合作伙伴国的经济发展水平和整体创新能力正相关；中美、中欧合作关系紧密，但同金砖国家、'一带一路'国家合作仍有拓展空间；科技人员交流和合作研究是科技合作的主要类型；综合性高校和科研院所在政府间合作中优势明显"。[①] 因此，我们应加强科技人才的交流培训，推动我国高校与阿拉伯高校建立友好合作关系，大力支持国际合作办学项目，推动双边留学生互访和交流，共同培养科技人才，加强与国内外知名高校、科研机构、国际培训机构和企业的合作，培养一批高级科技人才。此外，我们还可以组织实施国际人才培养工程，鼓励高级人才和专业技术人才出国培训；加强海外高层次人才的引进，充分利用国际人才中介机构、人才中心等，引进能够承担重大科研任务和科技项目的高端人才；建立海外人才工作站，利用海外智力资源，积极开辟国外人才智力和技术的有效供给渠道。

与此同时，中国应着力构建多层次的科技交流平台与灵活的科技合作机制。我国可以充分利用中阿贸易博览会、中阿合作论坛等平台，着力组织好与阿拉伯国家技术转移和创新合作的平台，通过交流研讨、实地考察、成果展示、对接洽谈等多种形式向国内外企业推介可以合作和转换的科技项目，帮助企业选择合作伙伴，拓宽合作领域，创建灵活的合作机制，推动科技创新，这样将有利于中国与阿拉伯国家科技文化交流的开放与共赢。

3. 在顶层设计的指导下，在中观、微观层面进一步加强政策和服务配套体系建设

在合作主体多元化、合作领域广泛化，以及纷繁复杂的利益诉求、多样

---

① 霍宏伟等：《中外政府间协议框架下国际科技项目合作网络研究》，《管理学报》2017年第7期。

合作机制等情势下，为了确保中阿科技合作顺利开展，中阿双方不得不进一步细化合作领域，并为不同的合作主体建设相应的政策与服务配套体系，即在以往的顶层设计指导下，进一步加强中微观层面的政策和服务配套体系。

随着中阿合作向纵深发展，合作主体多元化、合作领域广泛化成为突出特点。不同的主体，利益诉求不同；不同的领域，共享利益的机制不同，因此中阿科技合作应该登高望远与脚踏实地相结合，在坚持"一带一路"倡议下，在《文件》的指引下进一步加强配套体系建设。在顶层设计的宏观指引下，中阿双方应规划方向，务求实效，明确服务重点，确保具体项目的可行性。我们一方面要加强调查研究，因为中阿科技合作具有系统性和长期性，为了避免盲目性，我们应掌握主动权，增强项目的可行性和实效性；另一方面我们在重视宏观调研的基础上，也应对具体合作对象加深了解，综合调研合作的各个环节，并进行综合评估，以便贯彻宏观战略的精神，进一步完善具体政策和服务配套体系。

未来的中阿科技合作将向多元化发展，合作的重点是优势、绿色和先进的科学技术，中阿双方应加快基础理论和高新技术的开发与合作。同时，境外经贸合作区应该发挥示范作用，双方可搭建科技合作的多样化平台，开辟合作和共赢的美好未来。

中阿文艺交流发展报告

黄金雷*

摘　要： 2017年，中国与阿拉伯国家在文艺交流领域的合作蒸蒸日上。较之往年，参与互动的阿拉伯国家数量明显增多，活动数量、规模和级别都有大幅度提升；涉及的文艺种类更加丰富，交流活动正走向常态化和系列化，并得到了中阿双方一系列协议和计划的有力保障。同时，中阿文艺交流面临着一些问题，如文艺活动的内容时代性不够强，交流渠道和层次较为单一，受到西方负面舆论的影响等。因此，今后的中阿文艺交流需要更加重视活动的时代性、层次性以及作品的品质。

关键词： 中阿文艺交流　时代性　层次　品质

一　引言

随着中国"一带一路"倡议的提出，阿拉伯国家作为中国在"一带一路"上的重要合作伙伴，与中国在文化领域的交流也上升到一个新的高度。共建"一带一路"成为中阿在新的历史时期历史与现实的契合点，持续升级的中阿文化交流和互学互鉴，将为中阿构建利益共同体和命运共同体的美

---

* 黄金雷，陕西师范大学博士研究生，中国矿业大学银川学院人文学院讲师。主要研究方向为20世纪西方文学与影视传播。

好未来提供强大的精神力量。本文主要就2017年中国与阿拉伯国家在文艺领域交流的成果和特点进行梳理和分析，剖析了2017年中国与阿拉伯国家之间在文艺领域交流的问题，并有针对性地提出了对策和建议。

二 2017年中国与阿拉伯国家间文艺交流概述

中国与阿拉伯国家之间的友好关系源远流长，近年来，中阿在政治、经济、文化等领域的合作交流不断发展。尤其是在文化领域，中阿之间的合作交流越来越受到重视，文化交流活动日益频繁、文明对话方兴未艾。中阿合作论坛发挥了纽带和桥梁的作用，成为增进双方了解和友谊的重要平台。

（一）参与互动的阿拉伯国家数量有所增加，活动数量增幅较大，规模和级别普遍较高

与以往相比，2017年是文艺领域参与互动的阿拉伯国家数量最多的一年，活动的数量较往年也有大幅度增加。2017年，22个阿拉伯国家中，与中国互动的国家达到18个，是国家数量最多的年份。如表1所示，除了埃及、阿尔及利亚这样与中国保持着文化交流传统的阿拉伯国家以外，其他阿拉伯国家，如西亚地区的巴勒斯坦、伊拉克、科威特、叙利亚，非洲东部的索马里等都是首次和中国进行文艺领域的交流。此外，有许多阿拉伯国家与中国在文艺领域的交流较往年更为活跃，如约旦、黎巴嫩、沙特阿拉伯、卡塔尔、突尼斯等国家。总的来看，在文艺领域与中国进行文化交流较为积极的国家主要分布在西亚和北非地区。

（二）文艺交流活动数量较历年增幅较大

2017年中国与阿拉伯国家的文艺交流可谓成果丰硕。据统计，各类文艺展演及项目合作洽谈活动总量达到约98项，较2016年增长了32项。其中，书法、绘画、摄影、雕塑等类艺术的交流活动约为38项，占比约为39%；音乐、歌舞类文艺活动较2016年数量有所下降，但也达到了27项，

表1 2017年与中国在文艺领域互动的阿拉伯国家及互动频率

单位：次

		2011年	2012年	2013年	2014年	2015年	2016年	2017年
西亚地区	巴勒斯坦							3
	约旦			1			7	18
	叙利亚							1
	黎巴嫩					1		10
	沙特阿拉伯		1	1				7
	伊拉克							1
	也门				1			2
	科威特							3
	阿拉伯联合酋长国				1		2	2
	卡塔尔				1		7	9
	巴林		1				1	3
	阿曼			1				2
北非地区	阿尔及利亚	1	6	9	11	10	3	4
	摩洛哥				2	1	12	7
	突尼斯			1	1		6	8
	利比亚							
	苏丹					1		4
	埃及			1	3	2	3	29	14
非洲东部	吉布提							
	索马里							1
	科摩罗							
非洲西部	毛里塔尼亚							

占比约为28%；此外，影视、喜剧艺术类交流活动较2016年增长较为明显，总量为15项，占比达15%。

（三）规模和级别普遍较高

2017年中国与阿拉伯国家的文艺交流活动无论在双方参与的人数还是级别上较往年都高出许多。2014年以来，中阿双方合作举办了第三届阿拉伯艺术节、中埃（及）文化年、中卡（塔尔）文化年等重大文化交流活动，着力打造"欢乐春节""意会中国"等品牌项目，累计组织4727名中阿艺术家互访，推动 105 家中阿文化机构开展对口合作，邀请 240 名阿拉伯文化艺术人才来华研修。[①] 2017 年举办了"欢乐春节"活动的阿拉伯国家有约旦、阿曼、巴林、卡塔尔。举办"中国文化周"的阿拉伯国家有约旦、沙特阿拉伯、阿联酋、巴林。参与了"意会中国"的阿拉伯国家有约旦、科威特、阿尔及利亚、阿曼、埃及、黎巴嫩、摩洛哥、突尼斯、伊拉克、巴勒斯坦、叙利亚。[②]如表 2 所示，高级别、大型的活动大约有 41 项，占交流活动总数的 42%。

（四）活动的举办地主要在阿拉伯国家

如表 2 和图 1 所示，2017 年在中阿文艺交流活动中，活动的举办方既包括中国也包括阿拉伯国家，多数活动的举办地是在阿拉伯国家，占活动总量约为 57%。中国文艺的足迹遍布阿拉伯国家的 56 个城市和地区。这表明中国文艺在不断地走出国门，也彰显了我国的文化自信。阿拉伯文艺界在我国的交流和访问地分布也比往年更广，涉及 42 个城市和地区。

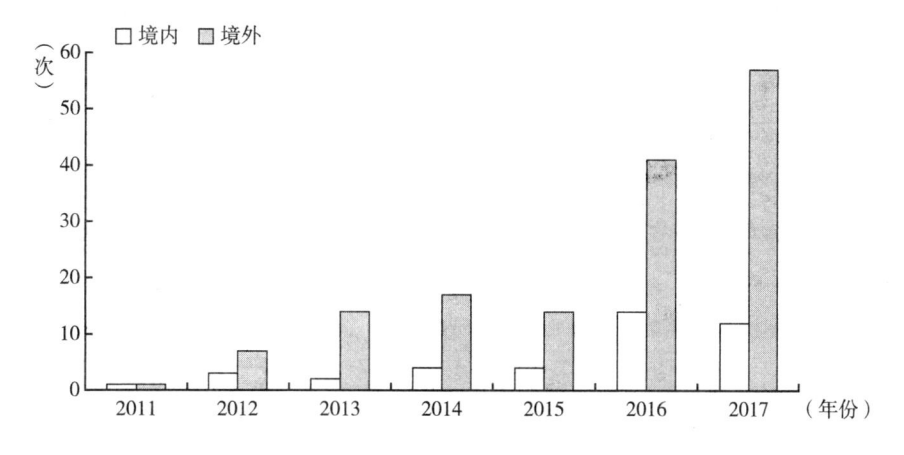

图 1　文化交流出访与来访分析

---

① 《推动中阿文化旅游合作　凝聚共建"一带一路"共识》，新华丝路网，http://silkroad.news.cn/2018/0713/102718.shtml，2018 年 7 月 13 日。
② 《第九届"意会中国——阿拉伯知名艺术家访华采风创作活动"在敦煌举办》，甘肃省文化和旅游厅网，http://www.gswh.gov.cn/wht/whdtt/201709/af94b60df1dd471c83a66550de1bdd0d.shtml，2017 年 9 月 22 日。

表2 2017年中阿文艺交流主要活动简况

项目	文艺活动	举办时间	举办地	主办或承办国（单位）	参与国（单位）	活动级别、规模 大、高	中	小、低
书画	"一带一路"国际文化交流活动	5月13日	北京	中国人民对外友好协会指导，环球网主办，青岛市人民政府等协办	33国嘉宾、使节	√		
	第二届"意会中国——阿拉伯国家知名艺术节负责人访华交流活动"	9月18日至10月26日	敦煌、浙江	中国文化部	阿尔及利亚、阿曼、埃及、科威特、黎巴嫩、摩洛哥、突尼斯、约旦、巴勒斯坦、叙利亚	√		
	"意会中国"国际巡展	1月19日	安曼市	中国文化部，中国驻约旦文化部	约旦	√		
	"意会中国"国际巡展	9月5日	北京	中国文化部	中国、阿曼、科威特、埃及、阿尔及利亚、叙利亚、约旦、摩洛哥、巴勒斯坦、黎巴嫩	√		
		12月3日	科威特城	中国文化部，科威特国家文化艺术学委，中国驻科威特大使馆	科威特	√		
	第二届丝绸之路国际文化经贸交流盛礼—2017丝路新语·国际书画艺术联展	5月6日	北京	阿拉伯国家联盟驻华代表处，中国商业联合会，中国商业经济媒体联盟及阿拉伯联盟22国驻华大使馆，以及中共北京市房山区宣传部、房山区文化委员会等机构	中国、阿拉伯联盟	√		
	2017"欢乐春节"活动	1月19日	安曼市、扎尔卡市、伊尔比德市	中国文化部	约旦	√		

续表

项目	文艺活动	举办时间	举办地	主办或承办国（单位）	参与国（单位）	活动级别、规模 大、高	活动级别、规模 中	活动级别、规模 小、低
	庆祝中约建交40周年"中国文化周约旦巡回演出"	10月8日	扎尔卡省，马安省，大安曼市	中国文化部	约旦	√		
	约旦国际城市文化节	7月30日	扎哈	约旦文化部	中国	√		
	约旦费城大学孔子学院举办系列活动庆祝中约建交40周年	10月15日	杰拉什	约旦费城大学孔子学院	中国		√	
	阿拉伯之路——沙特出土文物展	2016年12月21日至2017年3月19日	北京	中国国家文物局，中国国家博物馆和沙特旅游与民族遗产总机构共同主办，中国文物交流中心承办	中国、沙特阿拉伯	√		
	阿拉伯画家访华采风作品展	1月20日	科威特城	中国文化部，科威特文化、艺术、文学委员会和中国驻科威特大使馆	中国、科威特、约旦、埃及、黎巴嫩、阿尔及利亚、科威特、苏丹、伊拉克、摩洛哥	√		
	卡塔尔皇室娜迪雅公主故宫画展	4月10日	北京	故宫博物院，中国国画院支持，中国－阿拉伯国际合作中心、卡塔拉（Katara）文化与遗产基金会主办	中国、卡塔尔	√		
	美丽中国·美丽卡塔尔——中卡文化年两国摄影家作品联展	3月17日	金华	文化部、卡塔尔博物馆管理局主办、浙江省文化厅承办、金华市摄影家协会协办	中国、卡塔尔		√	

067

续表

项目 文艺活动	举办时间	举办地	主办或承办国（单位）	参与国（单位）	活动级别、规模 大、高 / 中 / 小、低
中国艺术家阿拉伯书法与中国书画展	5月15日	卡塔尔城	中国文化部、卡塔尔文化部	中国、卡塔尔	√
瓷画慈受邀参加卡塔尔"中国制造"展	11月16日	多哈	卡塔尔工商会组织、卡塔尔政府、中国国际贸易促进委员会	卡塔尔、中国	√
于广胜画作阿曼个展	7月25日	马斯喀特	阿曼国王办公厅	阿曼、中国	√
意会中国——阿拉伯国家知名艺术节负责人访华交流	10月22日至26日	浙江	中国文化部	阿尔及利亚、阿曼、埃及、科威特、黎巴嫩、摩洛哥、突尼斯、约旦	√
2017 感知中国——中国西部文化埃及行·新疆篇	7月6日	开罗	中国国务院新闻办公室、中国新疆维吾尔自治区人民政府、中国驻埃及大使馆	中国、埃及	√
丹青映和——埃及中国水墨画展	8月9日	开罗	中国驻埃及大使馆文化处	中国、埃及	√
阿拉伯国家雕塑艺术家宁夏固原进行文化交流	12月7日	开罗	埃及苏伊士运河大学孔子学院、中国驻埃及大使馆文化处	中国、埃及	√
中国陶艺家李宏亮及埃及传艺	7月3日	利雅得	中国商务部、中国文化部、中央文化管理干部学院	中国、埃及、毛里塔尼亚、黎巴嫩、约旦	√
"一带一路"·开启全球共同发展繁荣的复兴之路——中外文化交流互鉴活动	3月28日	北京	中国外交部、中国文化部等	阿尔及利亚、巴林、伊拉克、约旦、科威特、黎巴嫩、利比亚、摩洛哥、巴勒斯坦、也门	√

068

续表

项目	文艺活动	举办时间	举办地	主办或承办国(单位)	参与国(单位)	活动级别、规模 大、高	中	小、低
音乐舞蹈	"中国文化周"再次走进沙特	12月11日	利雅得	沙特阿拉伯文化新闻部、中国文化部、中国驻沙特阿拉伯大使馆	沙特阿拉伯、中国	√		
	"中国济南民乐团"赴约旦参加第32届杰拉什国际文化艺术节	7月24日	杰拉什	中国文化部、外交部、国家体育总局、国家新闻出版广电总局、国家宗教局、中国文联、中国作协、约旦文化部	中国、约旦	√		
	余杭小百花越剧团赴约旦文化交流演出	10月8日	扎尔卡市、马安市、安曼市	中国文化部、约旦文化部	中国、约旦	√		
	济南市吕剧院举行"中阿丝绸之路文化之旅"暨中国济南民乐团赴约旦访演	7月20日	杰拉什	中国文化部、约旦文化部	中国、约旦	√		
	东方黑骏马黎巴嫩文化交流——黎巴嫩歌舞剧《穿越丝路》新年首演	1月20日	贝鲁特	黎巴嫩鲁卡拉卡拉歌舞剧团	中国、黎巴嫩		√	
	江苏女子民乐团赴卡塔尔文化交流演出	10月2日	卡塔尔	中国文化部、中国侨联、江苏省政府	中国、卡塔尔	√		
	大型精品乐舞《敦煌韵》在巴林公演	5月22日	麦纳麦	中国甘肃省歌剧院	中国、巴林	√		
	中国民族歌舞惊艳埃及阿斯旺国际文化艺术节	4月24日	阿斯旺省	埃及文化部	泰国、尼日利亚、亚美尼亚、印度、苏丹、希腊、韩国、埃及	√		

续表

项目 文艺活动	举办时间	举办地	主办或承办国（单位）	参与国（单位）	活动级别 大、高	活动级别 中	规模 小、低
澳门中乐团赴巴林为"中国文化周"揭幕	9月27日	麦纳麦	巴林文化局	巴林、中国		√	
广东南方歌舞团赴巴林访问演出	10月3日	麦纳麦	巴林文化局	巴林、中国		√	
"南京旋律"在巴勒斯坦文艺演出	9月19日	拉姆安拉	巴勒斯坦文化部	巴勒斯坦、中国		√	
南京艺术团为中国驻巴勒斯坦办事处国庆招待会精彩演出	9月20日	拉马拉市	中国驻巴勒斯坦办事处	巴勒斯坦、中国	√		
"欢乐春节·锦绣潇湘"湖南艺术团演出	2月21日	突尼斯市	突尼斯文化部	突尼斯、中国		√	
成都艺术团为突尼斯"苏斯之春"音乐节添彩	4月12~15日	苏斯市	突尼斯文化部	突尼斯、中国	√		
广州交响乐团参加摩洛哥音乐小组赴摩洛哥第17届索维拉国际交响乐节	4月23日至5月1日	索维拉	摩洛哥国王文化顾问、中国文化部、中国驻摩洛哥大使馆、广州省文化厅、广州交响乐团	摩洛哥、中国	√		
浙黎应邀赴摩洛哥参加"菲斯心灵音乐节"	5月10~25日	菲斯、乌吉达市	摩洛哥文化部、中国文化部委派、菲斯心灵音乐节组委会	摩洛哥、中国		√	
2017 感知中国——中国西部文化埃及行·新疆篇	7月6日	开罗	中国国务院新闻办公室、中国新疆维吾尔自治区人民政府、中国驻埃及大使馆	埃及、中国	√		

续表

项目	文艺活动	举办时间	举办地	主办或承办国（单位）	参与国（单位）	活动级别、规模 大、高 / 中 / 小、低
	"丝路花语"中国民族音乐世界巡回演出	9月24日	开罗	中国驻埃及大使馆文化处、开罗中国文化中心、中国音乐家协会、中国文学艺术基金会、刘天华（阿炳）中国民族音乐基金会及开罗歌剧院	埃及、中国	√
	"唱响埃及"华语歌曲大奖赛	12月9日	开罗	中国开罗文化中心、中国国际广播电台主办、开罗歌剧院、华为埃及及通信公司协办	埃及、中国	√
	中国内蒙古赤峰市民族歌舞剧院演出的"美丽草原我的家"——"欢乐春节"文化交流专场晚会	2月12日	阿尔及尔	中国驻阿尔及利亚大使馆、阿尔及利亚文化部	阿尔及利亚、中国	√
	重庆芭蕾舞亮相阿尔及尔国际现代舞艺术节	5月10日	阿尔及尔	"阿尔及尔国际现代舞艺术节"组委会、中国文化部	阿尔及利亚、中国	√
	浙江婺剧与约旦大学师生同台献艺	1月24日	安曼	中国文化部、约旦大学	约旦、中国	√
	中国文化周	11月13日	扎尔卡市	中国文化部、约旦文化部、扎尔卡市文化局	约旦、中国	√
影视戏剧	约旦费城大学孔子学院举办系列活动庆祝中约建交40周年	10月15~16日	杰拉什	中国驻约旦大使馆、孔子学院总部、北京师范大学出版集团、约旦费城大学汉办主办、约旦费城大学孔子学院承办	约旦、中国	√

071

中阿文化交流发展报告（2018）

续表

项目 文艺活动	举办时间	举办地	主办或承办国（单位）	参与国（单位）	活动级别 大、高	活动级别 中	规模 小、低
中沙首部联合制作动画片《孔小西与哈基姆》首映式在沙特阿拉伯举行	2月22日	利雅得	沙特阿拉伯文化新闻部，中国驻沙特阿拉伯大使馆	沙特阿拉伯、中国	√		
东方黑骏马黎巴嫩文化交流——黎巴嫩鲁马舞剧《穿越丝路》新年首演	1月20日	贝鲁特	黎巴嫩鲁特卡拉卡拉歌舞团	中国、黎巴嫩		√	
黎巴嫩国家电视台签署了加入"丝路电视国际合作共同体"的备忘录并播出中国电视剧	4月25日	贝鲁特	黎巴嫩国家电视台，OTV电视台，中国中央电视台，中国国际电视总公司	中国、黎巴嫩	√		
中国卡塔尔签署"绿洲计划"	5月22日	北京	北京紫微垣投资有限公司，卡塔尔王堂	中国、卡塔尔	√		
中国和突尼斯合作拍摄的电影《迦太基茉莉》亮相北京国际电影节	4月23日	北京	中国文化部，突尼斯文化部，大使馆，旅游部	中国、突尼斯等国	√		
中国影视剧展播签约及开播仪式在摩洛哥举行	4月21日	卡萨布兰卡	国家新闻出版广电总局，摩洛哥2M电视台	摩洛哥、中国	√		
安徽文化交流团赴埃及参加亚非国际电影旅游艺术节演出	9月14日~18日	开罗	开罗中国文化中心，中国驻埃及大使馆	埃及、中国	√		
2017中国电影展播活动在阿尔及利亚开幕	3月27日	阿尔及尔	中央电视台电影频道节目中心，阿尔及利亚国家电视台	阿尔及利亚、中国	√		

续表

项目	文艺活动	举办时间	举办地	主办或承办国（单位）	参与国（单位）	活动级别、规模 大,高 / 中 / 小,低
汇演	2017年约旦大学"欢乐春节"文艺演出	1月24日	安曼	中国文化部,约旦文化部,约旦大学	约旦,中国	大,高 √
	中外文化交流节圆满落幕	11月1日	合肥市	中国科技大学团委,国际合作与交流部主办,中国科学技术大学研究生会、留学生会承办	中国,也门,埃及等国	
	"中国文化周"再次走进沙特	12月11日	利雅得	沙特阿拉伯文化部,中国文化部,中国驻沙特阿拉伯大使馆	沙特阿拉伯,中国	
	"欢乐春节"盐城艺术团访问苏丹演出	2月22日、23日	喀土穆	中国文化部,苏丹文化部	苏丹,中国	大,高 √

073

（五）所涉及的艺术门类更加丰富

2017年中阿文艺交流活动涉及的艺术种类之多前所未有。在传统的文艺活动，如书法、绘画、音乐、歌舞、杂技、话剧的基础上，摄影、地方戏曲、陶瓷、文物互展等艺术种类的参与度达到新高度。在中阿文艺交流活动中涉及摄影展的活动共达到38次，还有专门的摄影展。此外，以往参与交流的我国戏曲剧种多为京剧和昆曲，而2017年的交流活动中，中国一些流行范围并不很广的地方戏也参与其中，这增加了中阿文艺交流种类，凸显了中国文艺的多样性。另外，涉及陶瓷艺术的交流活动也比往年有所增加。

2017年中国文学界与阿拉伯国家文学界开展了初步的面对面交流。主要事件和交流活动有2017年2月11日中国作家刘震云被摩洛哥文化部授予"国家文化最高荣誉奖"，以表彰他的作品在摩洛哥和阿拉伯世界产生的巨大影响。[1] 还有在第27届阿布扎比国际书展活动中，主题为"文学世界里的丝路畅想"的中阿作家交流座谈会在阿拉伯联合酋长国首都阿布扎比国家展览中心举行。这是中国首次作为主宾国参展。本次主宾国活动是展示中国优秀文学作品以及开展中阿之间文学创作与交流的舞台。与会的中国和阿拉伯作家、译者以及文学评论人士围绕中阿文学创作的语言特色、文化背景和区别于世界其他地区文学的显著特征，探讨了西方语言霸权对中阿文学发展和交流的影响，以及如何通过"一带一路"上的文学交流来打破西方话语垄断。[2] 与约旦文学界的交流活动主要是于2017年10月14日在约旦首都安曼的约旦作家协会大楼举行的研讨会。约旦数十位作家和到访的中国作家代表团就中约关系和丝路文化展开热烈的讨论交流。中国作家代表团由著名作家柳建伟和小说家龙一等6人组成，他们在当天的研讨会上先后

---

[1] 《刘震云获摩洛哥最高荣誉奖 系中国作家首次获奖》，中华网，https://culture.china.com/11170621/20170212/30247774.html，2017年2月13日。
[2] 《中阿文学界人士探讨"一带一路"文学交流》，中国新闻网，http://news.cctv.com/2017/04/28/ARTIjOritKv692AOckuAzGJM170428.shtml，2017年4月28日。

就丝绸之路的诗文化和文学、约旦及阿拉伯世界对中国的影响等主题作了精彩发言。约旦作家及诗人朗诵了《北京之夜》《欢迎你们》等诗歌并发表了关于鲁迅研究和孔子思想的主题演讲。[1] 此外，2017年10月10～13日，由第6届茅盾文学奖得主、中国作家协会主席团委员柳建伟率队的中国作协6人代表团访问埃及，与埃及文化界人士就中埃两国文学交流进行了务实探讨。在中国驻埃及大使馆文化处及阿拉伯世界著名文学报刊《文学消息报》共同组织下，中国作协代表团莅临《文学消息报》总部，与埃及知名作家、诗人、翻译及汉学家就双方共同关心的问题展开了深入讨论。与会埃方嘉宾包括该报副主编曼苏拉·伊兹·丁、"阿拉伯布克奖"得主优素福·泽丹、埃及国家图书总机构"获奖作家作品丛书"主编蒂娜·曼杜尔、"中华图书特殊贡献奖"得主穆赫森·法尔加尼、埃及著名女诗人法蒂玛·甘迪尔等多位埃及文化界名流。[2] 文学界交流的不断加强表明中阿文化交流的质量正在不断提高。

（六）常态化和系列化的文化交流活动在向阿拉伯世界播散中国文化的过程中，影响力不断扩大

由文化部会同国家相关部委、各地文化团体和驻外机构在海外共同推出的系列文化交流活动"欢乐春节"、"中国文化周"和"意会中国"等在海外的影响力不断扩大。在2017年初，"欢乐春节"在约旦、突尼斯、苏丹成功举办。2017年成功举办"中国文化周"的阿拉伯国家有约旦、沙特阿拉伯和巴林。参加"意会中国"系列活动的有阿尔及利亚、阿曼、埃及、科威特、黎巴嫩、叙利亚、约旦、摩洛哥、巴勒斯坦、突尼斯等西亚和北非地区的阿拉伯国家。

---

[1] 《中国作家代表团访问约旦》，新华社网，http://world.people.com.cn/n1/2017/1015/c1002-29588015.html，2017年10月15日。
[2] 《中国作家协会代表团访问埃及》，中华人民共和国大典编修指导委员会网，http://www.chinawriter.com.cn/n1/2017/1019/c403993-29595456.html，2017年10月19日。

（七）得到了一系列协议和计划提供的有力保障

在《中阿合作论坛 2016 年至 2018 年行动执行计划》《中国对阿拉伯国家政策文件》《敦煌宣言》《文化部"一带一路"文化发展行动计划（2016～2020 年）》等一系列协议和计划的框架下，"意会中国——阿拉伯知名艺术家写生"①"中阿丝绸之路文化之旅"②"丝绸之路国际艺术节"③"海上丝绸之路国际艺术节"④"丝绸之路（敦煌）国际文化博览会"⑤ 等项目得以实施；同时，文件拟定的关于人力资源在华培训计划，双方文化机构官员、专家学者及艺术家互访，鼓励开设文化中心等项目也在逐步展开。

三 2017年中国与阿拉伯国家间文艺交流面临的问题

2017 年，中阿文艺交流虽然取得了令人瞩目的成就，但也面临一些有待解决的问题。

2017 年中阿文艺交流活动以中阿官方组织的活动为主，如庆祝中约建交 40 周年"中国文化周约旦巡回演出"活动等。⑥ 交流活动的参与者不具有广泛性，参与者主要以官方指定的文艺团体或艺术家为主，而且文艺交流

---

① 《"意会中国"阿拉伯知名艺术家来访中国国家画院》，中国国家画院网，http://www.cnap.org.cn/gjhy/yaow/201709/33bce6dfc7ff4d05b23706781a2f9464.shtml，2017 年 9 月 7 日。
② 《"中阿丝绸之路文化之旅"启动》，中阿合作论坛网，http://www.fmprc.gov.cn/zalt/chn/jzjs/whjls/t1492576.htm，2017 年 9 月 13 日。
③ 《第四届丝路国际艺术节 9 月 7 日开幕 总演出场次达 184 场》，西部网，http://news.cnwest.com/content/2017-08/29/content_15333600.htm，2017 年 8 月 29 日。
④ 《第三届海上丝绸之路国际艺术节开幕式》，CRI 国际在线网，http://chinese.cri.cn/notice/144/20171211/63387.html，2017 年 12 月 11 日。
⑤ 《丝绸之路（敦煌）国际文化博览会》，中国甘肃网，http://gansu.gscn.com.cn/cms_udf/2017/wbh/index.shtml，2017 年 9 月 20 日。
⑥ 《庆祝中约建交 40 周年"中国文化周约旦巡回演出"落幕》，中国文化网，http://www.seechina.org.cn/portal/pubinfo/200001003002001/20171018/5e3723ef489c4551a7571bc625f85512.html，2017 年 10 月 19 日。

活动由于受到现实时空的限制，受众人数十分有限，中阿文化以这样的方式在双方人民中传播，效率必然不高。2017 年，通过中阿政府和文化机构间的协调和沟通，虽然通过电视媒体，更多的中国影视和文艺节目登上了阿拉伯国家的荧幕，但是，由于文化和语言方面的差异，在我国影视等现代媒体上很少能看到阿拉伯国家的节目。

（一）文艺交流的内容时代性不够强，内涵发掘欠缺

2017 年中阿文艺交流在内容上多局限于传统文化。其中书法、国画、剪纸、传统地方戏曲、杂技、曲艺、民乐等是中阿文艺交流的主要内容。虽然这些艺术门类都是我国的国粹，是中国文艺的突出代表，有着很深厚的文化内涵，但是它们在当代的中国并不十分普及和流行，甚至已经逐渐淡出当代中国人的视线。2017 年在"欢乐春节"、"中国文化周"和"意会中国"等中阿文化交流活动中，中方安排的文艺交流内容以传统艺术为主，例如，在第二届"意会中国——阿拉伯知名艺术节负责人访华交流活动"中，中方安排来华访问的来自阿尔及利亚、阿曼、埃及、科威特、黎巴嫩、摩洛哥、突尼斯和约旦 8 个阿拉伯国家的 15 位知名艺术节负责人，近距离观摩的浙江省优秀艺术团体精品节目展示活动。演出团体主要包括浙江京剧团、浙江昆剧团、浙江话剧团、浙江婺剧艺术研究院、浙江曲艺杂技总团有限公司、浙江歌舞剧院有限公司、浙江小百花越剧团、浙江越剧团、浙江音乐学院、浙江艺术职业学院等[1]；2017 年，在北京举办的"一带一路"国际文化交流活动中，文艺展演的内容主要以传统国粹为主，包括民间剪影艺术、京剧名段《挑滑车》《贵妃醉酒》以及昆曲名段《牡丹亭》曲目《游园惊梦》等[2]；2017 年"欢乐春节"活动将非遗和民乐作为文化语词，文艺演

---

[1] 《"意会中国——阿拉伯国家知名艺术节负责人访华交流"暨"浙江省优秀艺术团体精品节目展示推介"活动在浙江举行》，浙江省文化厅网，http：//www.zjwh.gov.cn/dtxx/zjwh/2017 - 10 - 27/216557.htm，2017 年 10 月 27 日。

[2] 《"一带一路"国际文化交流活动在京举行》，新华网，http：//www.xinhuanet.com/energy/2017 - 05/18/c_1120994786.htm，2017 年 5 月 18 日。

出主要有富有中国特色的舞狮表演、川剧变脸、中国民乐二胡、琵琶、古筝、唢呐等民族乐器演奏以及剪纸、葫芦烙画、抖空竹、捏泥人等非遗表演。①

以上由中国文化和外宣部门组织的大型文艺活动，在节目内容上都是以传统中国文艺作为交流的主体内容和形式。全国政协外事委员会副主任韩方明指出："利用一个国家的传统文化进行宣传，是一个国家需要倚重的公共外交工具，但是过分强调中国传统文化，只能告诉其他国家的人民中国在过去曾经取得了辉煌的成就，却不能让人们知道中国的现状是什么，未来的发展方向是什么。"② 而这些艺术已经无法适应当代中国对外文化传播的需求了。如果在对外文化交流中一味以这些传统的文艺形式作为主角，而忽略现代阿拉伯受众的文化需求，那么我们的努力必然会事倍功半，交流活动会难以取得预期的效果。

另外，我国对于传统文艺内涵的挖掘也不足，既缺乏对文化意象背后的文化喻义阐释，同时，参与文化交流的中方人员和驻外文化机构的中方人员自身的传统文化素养和个人修养也参差不齐，这使得一些交流活动往往流于形式或者产生误导作用。

（二）文艺交流渠道的局限性较大

目前，中国与阿拉伯国家的文艺交流主要是通过人员互访，依靠政府财政支持，依赖政府官方的力量。交流方式比较单一，传播力度必然十分有限。仅仅通过演艺团体的访问演出和展览，由于传播条件受到限制，受众的数量不会很多。2017年中阿文艺交流主要还是以中阿官方组织的活动为主，鲜有关于中阿民间艺术家或者艺术团体互访交流的报道。阿拉伯人的人际关系奉行特点是在人与人交往过程中，"强情感外露"、"扩散

---

① 《"欢乐春节"演绎精彩中国故事》，人民网，http://www.sohu.com/a/126033149_114731，2017年2月12日。
② 《中国的公共外交真的超过了美国吗?》，联合早报网，https://www.zaobao.com.sg/forum/expert/han-fang-ming/story20110314-56252，2011年3月14日。

型"和"特殊主义"的原则,重要的是关系而不是原则。因此,在中华文化传播初期,各种形式的人员往来以及文艺交流都是拉近双方关系的有效途径。

在传播渠道方面,如图2所示,以埃及青年为例,其对中国的了解,主要是借助教科书,其次是影视节目和互联网。遗憾的是,中国与阿拉伯国家的文艺交流依然主要依靠人员互访,教科书和互联网虽然举足轻重,但并没有成为中阿文化交流的主要媒介。单就中国方面而言,无论是中国官方文化媒体还是其他网络新媒体,如爱奇艺、腾讯视频等新媒体平台,很少开设阿拉伯语频道。网络上有关中国文艺的阿拉伯语文艺资源十分匮乏,因此,互联网在中阿文化交流中并未发挥出十分有效的功能。

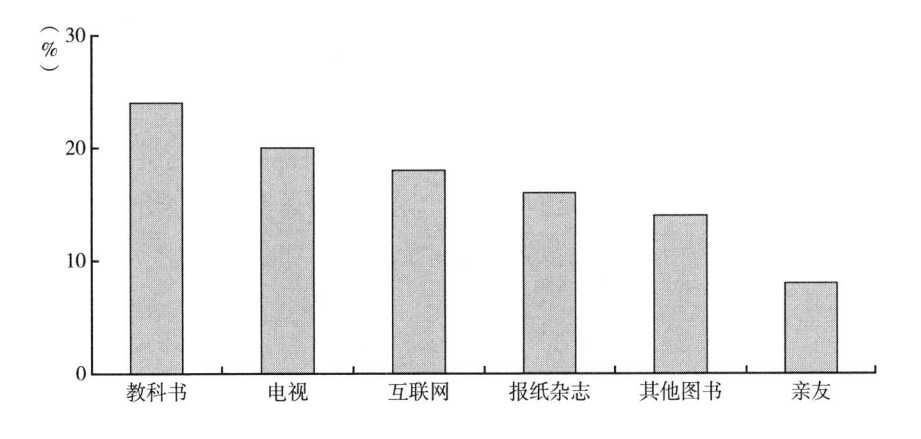

图2 埃及青年了解中国的主要渠道

(三)受到西方媒体负面舆论的影响

在中阿文化交流方面,尽管中国做出了很大努力,试图加强与阿拉伯国家的友好关系,增进阿拉伯人民对中华文化的了解,但是,阿拉伯人民对中国和中华文化仍然缺乏深入了解。在阿拉伯国家的书店、图书馆中,有关中国文化的书籍较少;在阿拉伯国家和中国的电视节目里,也鲜有涉及中、阿文化的节目。截至2017年底,海外中国文化中心总数增加到36个,在文化交流、文化外交上的桥梁和窗口作用更加凸显，但是，在众多阿拉伯国家中已经设立中国文化中心的只有埃及和突尼斯。①

四　2017年中国与阿拉伯国家间文艺交流问题的对策

（一）注重现当代文艺交流

在中阿文艺交流活动中增加现当代文艺的比重。中阿文化交流应当顺应时代，顺应潮流。文化艺术领域的交流也应与时俱进。只有紧跟时代步伐，反映时代面貌的文艺才能更容易引起共鸣和被接受。在国际文化交流中，我们为异国观众呈现的多是连本国人民也不熟悉或者不常接触的文艺类型，这样的文艺交流对双方产生的效果必然不尽如人意且影响范围必然十分有限。而年轻人群体是国际文化交流的主体，他们更倾向于欣赏和接受现代时尚甚至是前沿的艺术。因此，如果能积极地将富有中国特色的流行音乐、电影、电视剧、摄影、工艺美术、戏剧等现代艺术或者融合了传统元素的当代文艺带入中阿文化交流中，会更有利于中阿增加对对方真实国情的了解，增强相互的信任。

在艺术类别上也应有侧重，重点应放在当下中阿共有的文艺类别上，如绘画、音乐、影视等。随着信息时代的来临，"视觉性已成为当代文化的主导因素"，"电影作为一种新的视觉文化的表征代替了以说故事甚至阅读书籍的话语文化趋势，不只是电影本身的力量或胜利，更重要的是，电影以图像或影像来传递信息、解释世界或感悟事件的方式变得越来越重要"。② 在文艺交流活动中，影视媒介有高效、受众广、给予受众的感受最直接等特点，是其他文艺形式和载体所不能比的。因此，影视文艺在当代中阿文化交流活动中应格外受到重视。

---

① 《海外中国文化中心：丝路窗口　文化桥梁》，中国经济网，http://www.ce.cn/culture/gd/201705/16/t20170516_22852926.shtml，2017年5月16日。
② 参见周宪《视觉文化的转向》，《学术研究》2004年第2期。

（二）加强多层次民间文艺交流

首先，重点推进中阿青少年的文艺交流活动。青年肩负着国家、民族和世界的未来，巨大的潜力有待释放，青年人也是民心相通最重要的支撑力量。中阿青年人口众多。阿拉伯国家的青年人口众多，2010 年青年人口（15～29 岁）占总人口的比例为 27.9%。[1] 到 2025 年，阿拉伯国家 15～24 岁的青年人口数预计将攀升至 5800 万。[2] 因此，未来在中阿文艺交流的过程中应更加重视青年群体，针对这个群体开展富有前瞻性和建设性的交流活动。

其次，保持官民并举的交往态势，鼓励民间艺术团体互访，促进中阿文艺多层次的交流。应鼓励中阿民间文艺团体或艺术家参加在中国或阿拉伯国家举办的文化演艺活动和文化节，展示各自文化魅力。阿拉伯国家较为知名的艺术节有很多，如阿联酋迪拜艺术节、约旦杰拉什文化艺术节、黎巴嫩贝特丁艺术节、黎巴嫩贝鲁特艺术博览会、阿联酋阿布扎比古典音乐演出季、巴勒斯坦文学节等。这些活动代表了阿盟及其成员国在音乐与表演艺术领域实践应用的缩影，而且都具有国际性。此外，共同参加双方举办的电影节和影视展，向彼此展示各自特色鲜明的电影文化和异域风情，以吸引区域内外影视界人士的共同交流与合作。

再次，加大图书译介、出版以及网络、电视等媒体的宣传力度，为中阿文化交流争取国际话语权。目前，中阿双方的认知还停留在较为片面和表层的文化符号上，这主要是一方面受西方媒体的话语影响；另一方面，自近代以来中阿在人文交流方面一度遭受挫折。为了保障中阿文化长效交流互通，2015 年 8 月，中国出版集团与阿拉伯出版商协会达成了一系列合作项目，双方共同设立并推广"中阿经典作品互译工程"，为中阿思想文化直面沟通

---

[1] *Arab Human Development Report 2016*, Regional Bureau for Arab States, United Nations Development Programme, p. 13, http://www.arab-hdr.org/reports/2016/english/ExecutiveENG.pdf.

[2] *Social Inclusion, Democracy and Youth in the Arab Region*, Beirut Office, United Nations Educational, Scientific and Cultural Organization, p. 10, http://www.unesco.org/fileadmin/MULTIMEDIA/FIELD/Beirut/images/SHS/Social_Inclusion_Democracy_Youth_Background_Paper.pdf.

带来了新的契机。① 同时，在信息化的时代里，除了使用好传统图书等媒介，还应积极利用各类高科技、新媒体设备，如电脑、手机等网络终端。据统计阿拉伯国家的人口数近4亿，互联网用户数为1.35亿。阿拉伯国家联盟驻华大使加尼姆·希卜里认为，在阿拉伯国家互联网日后会迅速发展，加强"一带一路"沿线国家的数字化合作，就意味着将互联网的工具性作用发挥到最大。② 中阿文艺领域的交流渠道也应逐渐实现数字多媒体化。但是，不论是何种媒介，选材上应既有广度，又有深度，避免对中国文化仅仅泛泛而谈。应将两种文化融会贯通，用彼此较为熟悉的理论阐述双方的文化，这样才能使中阿人民增进对彼此的了解，更加容易认可对方的文化，从而能够增进中阿文化交流的有效性。

（三）提升文艺产品的品质

首先，大力提升文艺产品的品质，要"牢牢把握高质量发展这个根本要求"。③ 一方面，影视文艺担当着文化交流与传播的最高效的介质；另一方面，我国的影视产业发展存在很多问题，十分不利于中国话语的传播。比如，每年国产的影视作品虽然数量庞大，品质参差不齐，能够走出国门、能在国际上产生较大影响的优秀作品可谓凤毛麟角；影视作品很多但往往华而不实，缺乏创意和内涵，脱离生活，甚至有价值观念扭曲、逻辑混乱等问题。这样的文化产品很难获得国际市场的认可，更难以发挥将中国文化在世界各地发扬光大的功能。其次，大力培养优秀的艺术家和文艺工作者，重视文艺工作者的思想道德素养、文化素养、艺术素养等全方位的教育，建立健全对文化产业、文化产品和文化工作者的长期的、有效的评价体系和监管机制，依法保障我国文化产业的健康发展。

---

① 《中国出版集团与阿拉伯出版商协会签署战略合作协议》，中国出版集团公司，http://www.cnpubg.com/news/2015/0827/25549.shtml，2017年8月27日。
② 《加尼姆·希卜里："一带一路"建设要利用好互联网》，新京报网，http://epaper.bjnews.com.cn/html/2015-12/15/content_612998.htm?div=-1，2015年12月15日。
③ 《加快新时代电视剧高质量发展 打造永不落幕的中国剧场》，国家广播电视总局网，http://www.gapp.gov.cn/sapprft/contents/6580/363637.shtml，2018年4月4日。

中阿学术交流发展报告

张媛媛*

摘　要： 2017年，中阿学术交流取得重大发展，主要表现在以下两个方面：一是国内外重大学术活动比较频繁，围绕农业物联网、无醇葡萄饮品、清真肉制品、节水农业、马铃薯种苗培育及病虫害综合防治、卫星导航、新能源等重点领域组织学术活动以及实施一批中阿科技合作项目；二是各级科研机构、高校、企业等都建立了自己的云计算、大数据等网络平台。依托云基地、数字建设，中国与阿拉伯国家共同建设一批物联网、移动互联网、智慧城市、公共服务领域技术合作示范项目，举办应用示范项目成果展，推广成功经验。随着"一带一路"倡议深入推进，中阿学术交流迎来了全新的合作契机。在更多领域和层面上，都开展了深入的对话和交流，以开放、包容、互补、发展为共同目标。

关键词： 中阿学术交流　中国—阿拉伯国家博览会　"一带一路"　产学研合作

中国与阿拉伯国家自古以来就保持着良好的双边贸易关系，作为"一带一路"建设的合作伙伴，双方将更深更广地拓展交流与合作。这也为促

---

* 张媛媛，宁夏大学教育学院博士研究生，中国矿业大学银川学院副教授。研究方向为跨文化语言教育、英语语篇分析。

进各国发展、实现互赢互利注入了新动能和新机遇。

目前，中国已和阿拉伯国家签署了共建"一带一路"协议6个，阿拉伯国家有7个成为亚洲基础设施投资银行创始成员，中国与8个阿拉伯国家建立了战略伙伴关系。中阿学术交流，在这些合作中，为培养技术人才、智慧互通等起了非常大的作用。学术交流有利于双方获取知识技能，提升国家整体学术水平，并激发学术转化与创新。

一 2017年中阿学术交流发展概况

随着中阿"一带一路"建设的持续推进，两个不同文明互惠互利的古丝绸之路经贸合作模式重现。西方有一句谚语："两人智慧胜一人。"学术交流是在不断地讨论和争论中发展起来的。中阿学术交流中，包括了大量的开放式学术论坛、研讨会、研修班、讲座等。

（一）多维度搭建开放平台——2017中国—阿拉伯国家博览会

1. 总体特征

近年来，中国—阿拉伯国家博览会（以下简称中阿博览会）已成为服务我国与阿拉伯国家和"一带一路"沿线国家交流合作的综合性平台。"国家大战略，宁夏新使命"是实实在在的要求和责任，宁夏把发展开放型经济作为培育内陆地区竞争新优势的突破口，抢抓"一带一路"建设机遇，打造"一带一路"建设支点，中阿博览会发挥了重要的平台作用。经过五届大会，中阿博览会的国际知名度和影响力有了跨越式提高。

数据显示，2015年中阿博览会共签约项目163个，投资金额1712亿元人民币。2016年，中阿贸易总额达到1711.4亿美元，中国企业在阿新签承包工程合同额403.7亿美元，同比增长40.8%；对阿非金融类直接投资流量达11.5亿美元，同比增长74.9%。2017年中阿博览会上共签约项目253个，总投资1860.5亿元。合同项目81个，投资额915.8亿元；协议项目154个，投资额944.7亿元；合作备忘录17个；友好城市协议1

个。签约项目涉及农业、食品加工、装备制造、新技术新材料、能源化工、生态纺织、生物制药、现代服务业等8个领域。[①] 中国已成为阿拉伯国家第二大贸易伙伴，双边贸易额达到2300亿美元，预计2020年有望突破5000亿美元。

2017年中阿博览会论坛（见表1）及参展国家和企业均超往届，其中，主宾国（埃及）系列活动、主题省（福建）系列活动、中阿高铁分会、2017中阿汽车合作分会均为首次举办。博览会期间，设置了多样化活动内容，为参会嘉宾和企业提供政策沟通和项目洽谈交流平台。

表1　2017年中阿博览会论坛主要活动

日期	主要活动
9月7日~12日	中阿合作论坛第七届企业家大会暨2017中阿工商峰会
	2017中阿农业合作论坛
	2017中阿技术转移与创新合作大会
	2017中阿高铁分会
	2017中阿汽车合作分会
	2017年中阿旅行商大会
	2017网上丝绸之路大会
	2017中阿国际产能合作论坛
	2017中阿博览会信用论坛
	2017中阿国际物流合作洽谈会
	2017中阿关系暨中阿文明对话研讨会
	2017中国-阿拉伯国家博览会卫生合作论坛
	2017中国-阿拉伯国家出版合作论坛

2017中阿博览会结合中阿所需、宁夏所能，紧紧围绕重大国家战略，创新办会思路，网上丝路、高铁、技术创新合作等领域热度正逐渐攀升。在办会主题上突出务实合作；办会形式上，减少行政化、形式化；办会内容

[①] 《2017中阿博览会达成签约项目253个总投资1860多亿》，网易网站，http://news.163.com/17/0908/12/CTQHLVR100018AOR.html。

上,增强针对性,通过互动模式提升会议质量;参会人员上,增加国外嘉宾人数,其比例不少于30%,提高企业、商协会的人数比例;办会规模上,确保国家级会议规模,其中,多邀请中外部级领导作为政府部门嘉宾参会;会议成果上,聚焦主题设定会议目标,制定时间推进表,确保预期成果实现。中阿博览会已成为中阿共建"一带一路"的重要平台。

2. 新的经济增长点培育

2017年,中阿论坛不仅有农业合作、技术合作、旅游合作等"老话题",也涌现出网上丝路、高铁、云计算、产能合作、技术创新合作等"新话题",不断拓展的互利互惠的合作领域,为博览会注入新活力。

"网上丝绸之路"是服务"一带一路"建设的重要平台,已成为促进合作伙伴发展合作的新战略枢纽。据报道,2016年,中国数字经济规模达22.6万亿元;电子商务保持较高增速,2017年上半年全国网上零售额超过3万亿元;移动支付、电子支付普及率全球第一;共享单车等新模式、新业态不断涌现。

在过去的几年中,中国与阿拉伯国家秉承"共商、共建、共享"原则,加强铁路领域的交流与合作,中阿双方相关铁路部门携手合作,共建高铁,开辟中阿交流合作新路径。

2017年中阿博览会期间,举办了5场专场对接会。中国—阿拉伯国家现代农业科技合作推介对接会,内容涉及智慧农业、节水技术、光伏农业等方面新技术、新品种和新工艺;中国—阿拉伯国家半导体照明及智慧城市研讨会暨项目对接会,交流以智慧照明为切入点的智慧城市建设国际合作新模式,探讨产业国际化发展新形势和新模式;中国科学院与阿拉伯国家科技合作专场对接会,展示中国科学院在相关领域最新的科研成果;中国—阿拉伯国家科技合作项目推介对接会,展示智能制造、智能机器人、4G网络、新能源与可再生能源、污水处理等领域的高新技术及装备;中国—阿拉伯国家联合共建科技合作平台对接会,为优秀技术、项目和产品搭建展示宣传的平台,并提供有效的洽谈、对接支持与保障。

产能合作是近年来的热门话题。《中国与阿拉伯国家产能合作发展报告》在中阿博览会期间发布。报告显示，近年来中阿产能合作不断加强，在"一带一路"倡议推进下，中阿产能合作将朝着多元化、务实化方向发展，中阿合作"1+2+3"格局初步成型。

中阿加快石油产业链全面合作进程，推进航天、卫星、核能、新能源等领域的合作，推动新兴产业（包括电子商务、数字经济、智慧城市等）的发展。在交通及通信方面，持续提升互通互联水平，加强港口、铁路、公路、航空、通信、电站等项目建设，实现海陆相连，并大力推进经济走廊建设，连通中国、中亚、西亚；力求区域经济一体化，充分利用区位优势，构建地区交通网络和贸易中心。

3. 论坛评估

2017年中阿博览会于9月6日至9日在宁夏银川成功举办，共开展了13项会议论坛活动和10项展览展示活动，取得了一系列务实合作成果。

2017年8月至11月，历经会前、会中和会后三个阶段，评估机构从影响力、成熟度、成效性3个维度入手，采用案头调研、现场调研、访谈调研等多种形式，开展大范围、多角度和深层次的信息采集、核实比对和综合分析，最终形成了评估结果。为全面了解、科学评价2017中阿博览会实际举办成效，博览会组委会引入了第三方专业评估机构开展独立、客观、公正的评估工作。其中，2017中国—阿拉伯技术转移与创新合作大会的评分为93.58分，位列会议论坛活动第一名；中国高新技术与装备展的评分为88.14分，荣获展览展示组第一名。

高新技术及装备展首次将国家"十二五"科技创新成就展引入宁夏，128家科技型企业、大学和科研机构，近200件展品参展，参观者近8万人次。同步举办专题技术推介对接会，达成合作意向30余项，签署合作协议或合作备忘录12项，意向交易额3亿多元。

（二）主要学术活动

2017年，中阿学术交流首先体现在一系列国内外学术活动方面。从2月开始，中阿的学术交流相继在北京、上海、银川、埃及、黎巴嫩等地举办,4月、11月学术交流最为频繁(见图1),其中比较重大的有24次(见表2)。国内外知名专家和学者对中阿科技转化与科技转型中的中阿宏观经济环境、中阿科技发展趋势、中阿科技创新和商业模式变革等进行探讨(乃至对中阿创新及产业政策方面的重大议题进行研讨),有力地推动了中阿学术交流的迅速发展。学术活动研讨的议题涉及农业物联网、无醇葡萄饮品、清真肉制品、节水农业、马铃薯种苗培育及病虫害综合防治、卫星导航、新能源、中阿科技转化与科技转型中的中阿宏观经济环境、中阿科技发展趋势、中阿科技创新和商业模式变革等方面,其中科技学术交流占38%,政经学术交流占19%,农业学术交流占25%,医疗学术交流占12%,能源学术交流占6%等(见图2),几乎涵盖了近年来中阿的学术交流的所有热点话题。

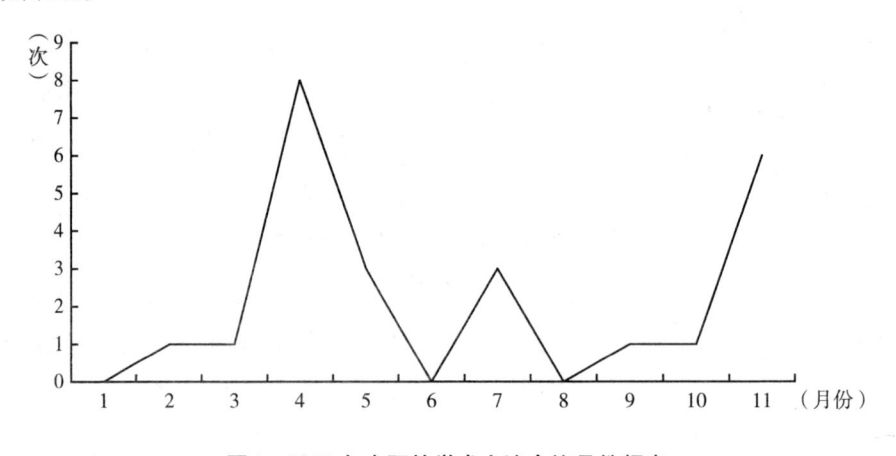

图1　2017年中阿的学术交流会议月份频率

1.翻译促进中阿人文交流

近年来,在中阿双方共同努力下,中阿人文交流和学术合作蒸蒸日上。人文交流成为中阿共建"一带一路"合作中的一个重要支柱。翻译是不同语言国家人们之间进行政治、经济、文化等各个领域交流的桥梁,中阿双方能够充分利用"翻译与中阿人文交流"国际研讨会这一平台,为深化中阿人文交流、共建"一带一路"做出积极贡献。

2017年10月25日,由黎巴嫩大学、上海外国语大学、中国人民对外

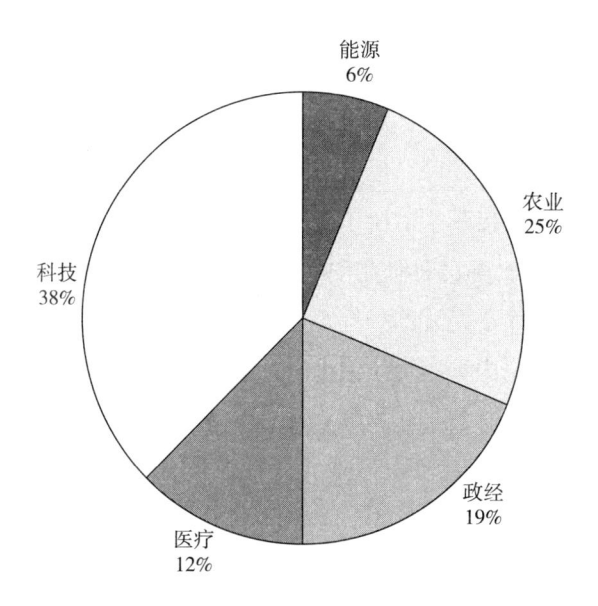

图2 2017年中阿的学术交流会议比例

友好协会共同举办的第二届"翻译与中阿人文交流"国际研讨会在黎巴嫩大学人文学院语言和翻译中心举行。本届研讨会是"中阿人文交流"系列国际研讨会的第二届,来自中黎学术、翻译、新闻、文学艺术等领域的30多位专家学者在2天的时间里围绕"翻译理论与实践""文学与文学翻译""中阿文化交流"等6个主题展开研讨。

黎巴嫩大学重视推广汉语和中国文化,积极与中国高校和学术机构加强教育合作与学术交流。黎巴嫩大学充分利用自身优势,为中黎和中阿友好事业培养更多优秀汉语语言和翻译人才。

近几年,许多阿拉伯名著和研究著作被翻译成中文,而中国的经典著作《论语》《道德经》《荀子》等也被翻译成阿拉伯文。

翻译作为跨文化交流的重要桥梁,在深化中阿了解、增进互信、传承友谊方面的作用不可或缺。中方赞赏并支持黎巴嫩高校尤其是黎巴嫩大学为推广汉语教学和传播中国文化所做的努力,愿与黎方一道,继续推动双边人文交流与合作。

2.共建中阿相关领域研究中心

当前,阿拉伯国家正处于经济社会和科学技术等领域深刻变革的时期,几乎所有的国家都将发展目标定位为部分或全面实现现代化,涉及经济、社会、文化和科技等诸多领域,但仅靠自身力量短期无法实现这一目标,这将为技术转移和科技输出带来前所未有的机遇。

2017年,中阿改革发展研究中心、中国—阿拉伯国家地学合作研究中心、中国与埃及、摩洛哥、苏丹等5个双边技术转移中心分别成立。

中国地质调查局中国—阿拉伯国家地学合作研究中心正式揭牌成立。中阿各国的地质学家一起,搭建地学合作研究平台,分享彼此的经验和成果,努力把研究中心打造成国际"一流的合作研究中心""一流的学术交流中心""一流的科技创新中心""一流的合作调查中心""一流的人才交流与培养中心""一流的信息共建共享中心"。

这期间,中阿地学中心充分发挥了智囊参谋作用,培育了一支在阿拉伯国家具有重要影响力的人才团队,为政府决策、企业发展提供有重要影响力的建议。

技术供给侧和需求侧之间信息不对称,跨境贸易、跨境支付等问题成为中阿技术转移的障碍。在此背景下,应将共建中阿技术转移协作网络机构作为保证中阿技术转移中心高效运行的关键支撑条件和重要建设任务,抓住中阿技术转移手段选择的要点。

7月5日,第二届"一带一路"技术转移国际合作峰会在北京召开。本次峰会由中国—阿拉伯国家技术转移中心、中国—阿拉伯国家青年创业园管委会、中国企业园区国际合作联盟、宁夏大学中国阿拉伯国家研究院、远望智库等多家机构联合主办。来自国内外100多家中阿技术转移协作机构成员单位、科研机构、金融机构的代表和部分阿拉伯国家驻华大使官员等500人参加了峰会,就中阿技术转移协作网络机构共建、中东地区的形势、中阿技术转移和科技合作的关键战略选择等问题进行了研讨和对话。达成了上海交大国家健康产业研究院与中阿青年创业园、约旦中阿青年创业园分园项目、埃及和平玫瑰特色小镇等多个合作协议。要通过"共建、共享、共用"技术转移机构协作网络，一并创造"互惠、互利、共赢"的机遇。

2017年中国—阿拉伯国家技术转移与创新合作大会启动了中阿技术转移综合信息服务平台，集中签约一批科技合作项目，并为中国与埃及、摩洛哥、苏丹的3个双边技术转移中心揭牌。

3. 数字经济平台开启合作共赢"大时代"

当今，互联网信息技术迅猛发展，云计算、大数据等新技术已将信息化推送到经济社会的各个层面。世界各国把互联网作为经济发展、技术创新的重点，数字经济正在成为引领世界经济增长的先导力量。

2017年中国—阿拉伯国家技术转移综合信息平台正式启动，并与部分阿拉伯国家签订了共建中阿技术转移分中心、中阿科技创新平台和中阿技术合作等三个方面19个科技合作项目，这将有效服务于中阿开展技术转移和科技合作交流。

中吉塔阿"丝路光缆项目"和中阿"法扎巴德—瓦罕走廊—喀什光缆网络项目"正稳步推进；中阿积极推动北斗系统合作，开展信息基础设施、卫星应用服务、大数据、云计算等新兴领域合作交流；中阿跨境电子商务交易平台、宁夏跨境电子商务监管服务系统上线运行，中阿软件服务外包等合作项目正加快对接。

2017年5月9日，中国和阿拉伯国家科技转化与科技战略学术研讨会在北京召开。本次研讨会是中国科学院按照中宣部有关要求，在举世瞩目的"一带一路"国际合作高峰论坛召开前夕举办的系列专题活动之一。包括中国科学院汪集旸院士，中科院战略研究院潘教峰院长、刘清研究员、霍国庆教授，埃及驻华使馆参赞侯赛因·易卜拉欣博士等知名专家在内的近60名学者参加了研讨会。会议围绕中阿科技转化与科技转型中的中阿宏观经济环境、中阿科技发展趋势、中阿科技创新和商业模式变革、中阿创新及产业政策等问题发表了重要演讲。与中科院系统共同组织高规格专题研讨会，对推动中阿科技合作与技术转移、提高中阿技术转移中心的工作水平将产生积极影响。

4. 提高妇女发展能力

妇女是经济社会发展的重要动力，在"一带一路"建设进程中，妇女也将发挥显著作用，推动沿线国家互联互通，促进可持续发展。

2016年，首届丝绸之路相关国家妇女论坛在乌鲁木齐举行，就"妇女创业就业的机遇与挑战"的主题，在绿色农业、妇女培训、贫困弱势妇女扶持等方面寻求合作机遇；妇联组织还在霍尔果斯举办了"共赢丝绸路、巾帼展风采"中亚五国企业论坛，近百名当地和中亚五国的妇女代表热议妇女在丝绸之路经济带中的生力军作用。

2017年9月19日，在由全国妇联主办的第二届中国—阿拉伯国家妇女论坛在北京举行。中国和阿拉伯国家的妇女机构代表约150人参会。论坛上，代表们围绕妇女赋权与政策支持、妇女与文化传承等议题进行对话和研讨。"一带一路"倡议可以通过合作和交流消除分歧，推动实现性别平等，保障妇女权利，提高妇女发展能力。此次论坛是落实《中阿合作论坛2016年至2018年行动执行计划》的重要举措。

5. 宁夏成为我国信息应用服务的重要支点

宁夏被国家列入2016年国际贸易"单一窗口"建设内陆沿边6个试点省区之一，与迪拜国际贸易"单一窗口"建立信息互换机制，银川海关与八省区10个海关实现"一次申报、多地通关"，宁夏检验检疫局与宁波、江苏等直属局实现进出口直通直放，进口肉类、种苗和水果指定口岸建设稳步推进。

中阿博览会已成为宁夏对外开放的金字招牌之一，不仅面向阿拉伯国家，也面向"一带一路"范围内各国，是共建"一带一路"的重要平台。宁夏作为中国向西开放的重要节点，在加强与阿拉伯国家和"一带一路"沿线其他国家经贸合作中具有独特的优势。商务部大力支持宁夏充分利用自身优势，扩大对内对外开放，发展内陆开放型经济。

宁夏立足服务国家"向西开放"战略，树立"大视野、大开放、大合作"的科技合作与交流观念，正在以文化软实力深化中阿以及中国与"一带一路"沿线国家之间的互信与互惠合作，促进中国与沿线国家文化交流、民心相通。

二 存在问题及对策建议

推进学术交流，必须创新学术合作机制。可以说，创新机制建设正是中阿学术交流合作生命力和影响力的根本所在。

（一）存在问题

1. 在中阿学术交流中，还存在一些阿拉伯国家及西方国家对"一带一路"倡议未透彻了解。

2. 中国对阿拉伯世界发展道路和市场需求的探究尚十分有限。在加强中阿文化交流的同时，也要结合中阿各国的重大需求，组织学术交流的研究议题。通过中阿学术交流，进一步提升合作水平，共同落实好合作倡议。

（二）对策建议

1. 坚持改革开放和共享发展，利用中阿合作论坛平台，双方应协调政策、加强沟通，在资源、人才、产业、技术等方面，取长补短，强强联手，进一步深化市场，为双边贸易提供更好的平台，共创开放、包容、共赢的区域经济合作框架。同时借助内陆的开放型经济试点，着眼于丝绸之路的交通网络建设，实现海、陆、空互联，造福更多沿线国家的企业和人民。

2. 加强市场导向，强化学术交流为技术创新人才培养服务的意识。坚持以市场为导向，增强科技中介服务机构的市场敏感度，并将之与产学研合作挂钩，实现优势互补。加快建设一批经济合作区、产业园区，为企业提供更多的合作平台。积极推进中阿国家技术转移中心各国分中心及协作网络的建设，实现先进适用科技成果"走出去"及扩大与阿拉伯国家及非洲、中亚的科技合作，同时注重资源能源等方面的合作建设，打造稳固、可持续的中阿能源战略合作伙伴关系。

3. 调整学术交流结构，推动技术创新人才的年轻化。在信息时代，学术交流的多元化渠道逐渐形成，应让年轻技术创新人才获得更多的学术交流机会。应从质疑、评价、转化、管理以及资助等方面入手，构建良好的学术交流机制，建立更深层次的学术交流，以更广维度的创新思维，进一步深入探究学术问题，获得更丰硕的研究成果。

三 结论

学术交流是技术创新人才进行学术互通的平台，通过相互激励、启迪，激发学术新思想，探讨科研新方法，实现学术创新。更多跨学科、多领域的高素质高技能人才的加入势必带来高层次的学术交流。加强学术交流能提升技术创新人才的服务意识，从而推动经济社会发展。未来，中阿国家在"一带一路"倡议框架下，创新合作思路，推动中阿经贸合作不断向前发展。

中阿学术交流发展报告

表2 中阿重大学术交流活动一览

序号	活动名称	日期	地点	举办单位	参与者	主题与议题
1	中阿关系研讨会	2月21~22日	黎巴嫩贝鲁特	由黎巴嫩阿拉伯统一研究中心和上海外国语大学中东研究所联合主办	来自中国、英国、黎巴嫩、埃及、约旦、卡塔尔、科威特、阿曼、沙特阿拉伯、伊拉克、阿尔及利亚、摩洛哥等15个国家的近50名专家、学者和外交官和媒体人士	涵盖"一带一路与中国阿拉伯国家合作""中国参与中东地区反恐的理论与实践""一带一路与中国的中东能源政策""贸易伙伴:海合会的新机遇与中国因素""提升中阿关系,共建一带一路"等方面的议题
2	"农业物联网技术及其应用"培训班	3月16日	中阿技术转移中心与西部电子商务股份有限公司	由宁夏回族自治区科技厅推荐,中阿技术转移中心与西部电子商务股份有限公司联合申报	该培训班主要面向阿拉伯国家招生,招收学员约20人,为期20天	培训班采用专家授课、案例分析和实地考察相结合的方式,通过向阿拉伯学员传授农业物联网技术方面的专业知识和经验,使学员了解到中国农业物联网发展现状和扶持政策,与阿拉伯各国共同分享农业物联网在现代农业领域应用的最新成果
3	"一带一路"与丝路学研究"国际学术研讨会	4月7日~8日	上海外国语大学	由上海外国语大学主办,上外丝路战略研究所承办,教育部国别和区域研究工作秘书处、新疆师范大学丝绸之路文献研究中心和上海大学全球学中心联合协办	来自中国、美国、德国、印度、伊朗、哈萨克斯坦、土耳其约60位政府官员、智库学者和媒体人士	囊括丝路学研究的基本核心议题,包括"一带一路"与全球治理、深化"一带一路"建设的挑战及应对、"一带一路""软力量"建设、"一带一路"与国别区域研究、全球丝路学的学派演变及其研究动向等。涵盖政治学、历史学、宗教学、外国语言文学及丝路学等五大学科领域

095

续表

序号	活动名称	日期	地点	举办单位	参与者	主题与议题
4	首届阿拉伯国家官员研修班	4月20日	上海外国语大学	外交部、教育部和上海市政府共同主办，上海外国语大学承办	来自沙特、约旦、埃及、阿联酋、卡塔尔、摩洛哥、伊拉克、苏丹、科摩罗、阿尔及利亚、巴勒斯坦、利比亚、吉布提、巴林、索马里等17个阿拉伯国家的24位官员	7位中国专家学者为学员做专题学术报告，并安排了5次参观考察活动，围绕中国基本国情和治国理政新理念新思想新战略、中国经济改革与开发区建设、中国政治制度与决策过程、中国传统文化与现代社会治理、中国政府职能转变与服务型政府建设、政府制度创新与实践及改革实践、上海自贸区制度创新与实践等议题展开交流，使学员深入了解和认识中国的经济建设和社会发展，促进中阿相互理解与合作
5	赴苏丹、埃及、摩洛哥访问对接	4月26日~5月5日	苏丹、埃及、摩洛哥	苏丹非洲科技城、埃及科研与技术研究院、摩洛哥卡萨布兰卡哈桑二世大学	中阿技术转移中心组织了宁夏遥感测绘勘查院等9家单位技术代表共11人	围绕跨境贸易电子商务、城市智能交通体系综合管控、马铃薯种薯脱毒繁育、农业机械及节水灌溉、遥感测绘技术应用、农业物联网技术应用等开方迫切需要的技术成果展开推介，并与阿方技术人员进行深入交流

续表

序号	活动名称	日期	地点	举办单位	参与者	主题与议题
6	与埃及苏伊士运河大学共商科技合作	4月29日	埃及	苏伊士运河大学	中阿技术转移中心副主任、宁夏科技厅巡视员张新君一行专程考察视察埃及与Mamdouh Ghurab伊士运河大学、孔子学院埃哈桑副校长、孔子学院埃及校长校董会其他成员等	双方围绕共建中阿创新合作平台，联合培养各类人才，启动建设中阿青年创业同园，邀请参加2017中阿博览会等事宜做了深入交流，并达成一致共识
7	与埃及中央银行副行长座谈	4月30日	埃及	埃及中央银行	中阿技术转移中心副主任、宁夏科技厅巡视员张新君与埃及科技厅副行长Lubna Hilal女士、埃及总统顾问前驻华大使Magdy Amer先生、埃及国家开发银行CEO等银行家	围绕中阿技术转移中的科技与金融结合，宣传推介航天主题乐园、中阿和平玫瑰特色小镇、中埃青年创新创业科技产业化投资项目展开座谈，并邀请埃及银行家出席2017中阿博览会相关活动
8	中阿技术转移中心代表团出访埃及、阿曼、阿联酋三国	4月28日~5月6日	埃及、阿曼、阿联酋	阿拉伯科技与海运学院，埃及科研与技术研究院，中国一阿中国驻埃及大使馆，中国驻阿曼大使馆，阿曼卡布斯大学，阿联酋高教科研部，中阿（迪拜）技术转移中心，埃及苏伊士运河大学，埃及中央银行，阿曼Sabco集团公司，阿联酋科技创新园，迪拜未来加速器项目等单位	中阿技术转移中心副主任、宁夏科技厅巡视员张新君及代表团	与埃及达成共同筹建技术转移分中心的合作意向，与阿曼、阿联酋（迪拜）深入商讨了双边技术转移分中心运营以及部分科技合作项目的运作模式

续表

序号	活动名称	日期	地点	举办单位	参与者	主题与议题
9	埃及科研院院长会见中心代表团	4月30日	埃及	埃及科研院	阿拉伯科技与海运学院伊斯玛仪院长、埃及科研院技术院马哈茂德·萨格尔院长,中阿技术转移中心副主任、宁夏科技厅巡视员张新君一行	双方围绕中阿双边技术转移中心推进规划、切实推动中阿技术转移、签署中国－埃及技术转移中心共建协议与备忘录、邀请出席2017中阿博览会等方面工作进行了交流与探讨
10	中国－埃及科技合作项目推介与对接会	4月30日	埃及		来自中埃两国政府、科研院所、科技中介等机构的代表80多人	分别做了科技成果推介发布。推介单位与技术需求方还进行了"一对一"对接洽谈并达成多项合作意向和协议
11	中国－阿拉伯国家技术转移协作网络建设研讨会	5月3日	北京	北京中国科技会堂	来自中国与阿拉伯国家有关政府部门、科研院所、科技中介机构、科技企业的近100位代表	与会代表围绕中阿技术转移协作网络运营机制、中东国家创新发展现状、技术转移商业模式和海湾国家创新发展合作需求等议题建言献策,共同研讨
12	中国－埃及科技合作项目推介对接会	5月5日	埃及		来自中埃两国政府、科研院所、科技中介等机构的代表80多人	宁夏丝路通集团、中阿青年创业园等9家中方单位,阿拉伯科技与海运学院及科研院等10家埃方单位分别做了科技成果推介发布。推介单位与技术需求方还进行了"一对一"对接洽谈并达成多项合作意向和协议

续表

序号	活动名称	日期	地点	举办单位	参与者	主题与议题
13	中阿科技转化与科技成果学术研讨会	5月9日	北京	中科院科技战略咨询研究院主办,中国－阿拉伯国家技术转移中心、全国科研院所科技成果转化联盟协办	中国科学院汪集旸院士和中科院战略研究院潘教峰院长,埃及驻华使馆参赞侯赛因·易卜拉欣博士等知名专家在内的近60名学者	围绕中阿科技转化与科技转型中的中阿宏观经济环境,中阿科技发展趋势,中阿科技创新和商业模式变革,中阿创投及产业政策等问题发表了重要演讲
14	2017"科技政策与管理国际研修班"	7月2~16日	北京、郑州	科技部国际合作司主办,中国科学技术交流中心和河南省科技厅承办	来自埃及科研与技术院、航空工程学院、苏丹高教与科研部、非洲科技城、阿尔及利亚姆西拉大学等3个国家的5名科技管理部门高级主管和专家学者	主要面向"一带一路"沿线及非洲国家,培训形式包含政策讲座、专题案例分析、技术参观、研讨等
15	中阿技术转移中心与埃及科研与技术院举行工作会谈	7月4日	银川	中阿技术转移中心	宁夏科技厅巡视员、中阿技术转移中心副主任张新君,埃及科研与技术院院长欧买尔·法鲁格先生,国际关系协调主管谢玛·海达女士,埃及驻中国大使馆文化科技参赞侯赛因·易卜拉欣先生	就参加中阿博览会科技板块活动、共建中国－埃及技术转移中心、推动中埃科技合作与技术转移等举行工作会谈

099

续表

序号	活动名称	日期	地点	举办单位	参与者	主题与议题
16	第二届"一带一路"技术转移国际合作峰会	7月5日	北京	中国-阿拉伯国家技术转移中心、中国-阿拉伯国家青年创业园管委会、中国企业联合会、中国企业园区国际合作联盟、宁夏大学中国阿拉伯国家研究院、远望智库等多家机构联合主办	来自国内外100多家中阿技术转移协作机构的成员单位，科研机构、金融机构代表和部分阿拉伯国家驻华大使馆官员等500人	就中阿技术转移协作网络机构共建、中东地区的形势、中阿技术转移战略选择等问题进行了研讨和对话。达成了上海交通大学国家健康产业研究院与中阿青年创业园、约旦-峰洛哥签署合作项目，约旦中阿青年创业园分园合作项目，埃及和平玫瑰特色小镇等多个合作协议
17	2017第二届中国-阿拉伯国家妇女论坛	9月19日	北京	中华全国妇女联合会主办	来自中国及阿拉伯国家的妇女机构和妇女组织领导人、学术界和企业界代表、阿盟总部外交官等	围绕妇女赋权与政策支持、妇女与文化传承等议题开了高层对话和专题研讨
18	第二届"翻译与中阿人文交流"国际研讨会	10月25日	黎巴嫩大学人文学院语言和翻译中心	黎巴嫩大学、上海外国语大学、中国人民对外友好协会共同举办	来自中黎学术、翻译、新闻、文学艺术等领域的30多位专家学者	围绕"翻译理论与实践"、"文学与文学翻译"、"中阿文化交流"等六个主题展开研讨
19	"一带一路"背景下中阿经贸合作研究国际学术会议	11月17日	浙江外国语学院		来自中国、埃及、巴勒斯坦和叙利亚的30余名专家学者、外交官	会议围绕"社会动荡下的阿拉伯国家经济发展状况"、"阿拉伯国家经济转型的尝试"、"阿拉伯世界的石油经济"、"中阿经济合作的成就与前景展望"四个议题进行研讨

续表

序号	活动名称	日期	地点	举办单位	参与者	主题与议题
20	中埃科技合作项目推介对接会	11月21日	埃及	埃及科研与技术学院（埃及-中国技术转移中心）、中国-阿拉伯国家技术转移中心联合举办	宁夏大学、宁夏丝路通集团、宁夏科达光伏科技有限公司、西部电子商务股份有限公司、上海交通大学、宁夏中阿青年创业园、北京葫芦科技有限公司、北京益仁中医研究院等单位代表25人，埃及投资联合协会、国家水研究中心、国家农业研究中心、阿拉伯科技与海运学院、埃及米尼亚大学等单位专家	围绕埃方需求有针对性地从节水技术、智慧农业、中药材与中医药研发等领域展开技术推介。双方从产业布局、品种培育、种植提取、产品研发、市场开拓以及中埃双方企业如何实现技术转移等方面进行了深入探讨
21	中阿技术转移中心代表团拜访埃及本哈大学	11月23日	埃及	埃及本哈大学	宁夏科技厅巡视员张新君带领中国-阿拉伯国家技术转移中心代表团一行，本哈大学校长赛义德·凯迪教授等埃方人员	在共建联合项目（联合实验室、联合会议培训等）、学术信息及资料的共享与人员交流等方面商谈该合作

101

续表

序号	活动名称	日期	地点	举办单位	参与者	主题与议题
22	中阿技术转移中心代表团一行访问埃及国家水研究中心	11月23日	埃及	埃及国家水研究中心	随中阿技术转移中心代表团在埃及访问的宁夏大学田军仓副校长一行5人、埃及国家水研究中心副主任胡萨姆·马拉奇（Dr. Husaam El-malahi），副主任玛哈·塔菲克（Dr. Maha Tawfik）等埃及方人员	就筹建中埃旱区农业节水联合实验室相关事宜进行了深入讨论并达成初步共识
23	中阿技术转移中心组织埃及代表团访问苏伊士运河大学	11月23日	埃及	苏伊士运河大学	中阿青年创业园组织北京胡芦科技有限公司、上海交通大学健康产业研究院、北京好来医学科技有限公司等相关高校和企业代表一行9人	商讨推动双方在共建创业园、联合实验室和中医医院等多个领域项目合作
24	2017北斗技术与应用国际培训班	11月27日	北京	科技部国际合作司主办，科技部国家遥感中心联合中阿技术转移中心、北京航空航天大学承办	来自埃及、苏丹、泰国、印尼、巴基斯坦、孟加拉国、伊朗、玻利维亚和蒙古国等9个国家的18名学员	讲授全球卫星导航系统的发展及北斗系统的基础知识和关键技术，同时，通过创意课程设计，参观访问和座谈交流等形式，促进学员们更加深入地学习和掌握北斗系统、基于北斗系统开发的"羲和系统"、地理信息系统、遥感等技术及其在各行业的典型应用，为加快发展中国家的推广和应用搭建了交流合作渠道

102

中阿出版文化交流报告

周 雪*

摘　要： 出版交流是中国与阿拉伯国家之间开展文化交流的重要媒介，也是文化软实力交流的重要平台。"一带一路"倡议的发展和"讲好中国故事"的需要，共同推动着中阿出版文化交流的高效发展。近年来，中阿出版文化交流在双方社会各个阶层得到了相应的关注和认可。本报告解读了出版文化交流的内涵，梳理了2017年至今中阿出版文化领域的合作交流状况，分析了中阿出版文化现存的组织机构、媒介语言、投放发行等方面的问题。并从优化合作、人才培养、机制建立、科技助力等方面给予可行性建议。

关键词： 出版文化　中阿文化交流　一带一路

伴随着"一带一路"倡议的提出，中国与阿拉伯国家之间的文化交流也已在诸多领域收获硕果。自党的十八大以来，习近平主席就发展中阿关系做出了一系列重要论述。"中国和阿拉伯国家要心手相连、并肩攀登，为深化中阿友好合作而努力，为人类和平与发展的崇高事业而共同奋斗"；"让建设成果更多更公平惠及中阿人民，打造中阿利益共同体和命运共同体"[①]

---

* 周雪，宁夏大学教育学院博士研究生。主要研究方向为跨文化语言教育、语言政策与语言规划。
① 《心手相连，习近平引领构建中阿命运共同体》，中国网，http://news.china.com.cn/2018-07/09/content_ 55757076.htm，2018年7月9日。

的倡议对于推动中阿关系发展、构建中阿命运共同体具有重要意义。

在中国与阿拉伯国家众多文化交流领域中，出版文化交流既是中阿文化交流合作的重要领域，也是传承中阿历史的重要载体，更是促进深化中阿友谊的重要渠道。

出版文化是"出版人按照一定的社会意识形态确立的出版观念，以及与之相适应的出版制度、机构、设施和出版物及其影响等的总和"[1]。就某种程度而言，出版文化可以视作社会的精神展现模式，反映着社会生活、生产的意识形态，是社会百态的写照。与此同时，出版文化具有一定的意识形态，能够通过不同出版物、出版方式和渠道传播知识和信息，进而影响人们的社会价值观、行为理念等。

出版文化交流现已成为中阿文化交流不可或缺的一个方面，也是中阿文化交流的传统方式之一，历久弥新。近年来，中阿出版交流合作方面的力度得以不断加大，交流领域得到持续拓宽。"中阿版权贸易合作推广平台"的搭建更加推动了中阿图书版权贸易的发展，出版数量增加，印刷品质量不断提升，内容日益丰富。

一 2017年至今中阿出版文化交流概况

2017年至今是中阿出版文化交流收获硕果的时段，成为中阿文化交流的重要组成部分，为进一步推动"一带一路"倡议的发展添砖加瓦。

（一）借翻译之东风，拓出版之新路径

受益于"一带一路"倡议，作为与中国建交较早的埃及，已连续两年于2017年、2018年举办"中阿翻译与出版研讨会"。

2017年的会议以两国之间的翻译业务、出版行业发展的现状与未来为主题进行深层次的交流。为中埃两国之间建立起中阿翻译、汉学研究

---

[1] 杨军：《出版文化与意识形态关系诠释》，《出版发行研究》2014年第11期。

的桥梁。① 在出版文化交流领域，中外互译计划、中国推出的丝路书香出版工程，以及图书对外推广计划等项目都已结出硕果。与此同时，该研讨会提出，中埃互译书籍中存在主题与门类相对狭窄的问题，认为增加专业领域的互译出版成为未来中埃出版文化交流的一个重要议题。

2018年伊始，第二届"中阿翻译与出版研讨会"回顾与认可了双方在文化交流方面的成果与收获，与此同时，指出两国在出版文化交流面临新书市场、翻译版权等方面困惑与困难；号召建立积极高效的沟通渠道，加强联系，开展合作。研讨会以中国出版行业在埃及等阿拉伯语图书市场的发展现状、"一带一路"国家和地区的输出、中阿出版业务中的互译及以"数字出版"等出版转型等为主要议题展开探讨。② 与第二届研讨会相伴开展的开罗国际书展，多方位地展示了中华文化的发展。两国出版业人士通过多领域的交流与合作，相互学习，共同展望了中埃出版文化交流未来发展的趋势。

（二）聚焦合作交流，搭建发展平台

2017年4月26日，阿布扎比的中阿出版发展高峰论坛成为近年来中阿出版文化交流的一个重要聚焦。较为全面地展现了中国与阿拉伯国家之间出版文化交流之间的合作与发展，呈现领域拓展、力度强化、数量增加、质量提升以及活跃度提高等特征。随着中阿互译出版工程的开展，截至2017年上半年，已完成20余种图书的翻译出版。③

中阿出版文化交流平台的搭建日渐多元化，相关行业人员之间的交流日益频繁，出版机构之间的合作也更加全面和广泛。以高峰论坛为契机，中阿出版交流中，合作内容的选择，互译选题的策划与选定；出版成果的认可及

---

① 王文骁：《中埃翻译与出版研讨会在开罗举办》，中国作家网，http://www.chinawriter.com.cn/n1/2017/0220/c403994-29092339.html，2017年2月20日。
② 《开罗中国文化中心举办第二届"中阿翻译与出版研讨会"》，搜狐网，http://www.sohu.com/a/221098544_99904096，2018年2月5日。
③ 孙海悦：《中阿出版发展高峰论坛聚焦交流合作》，中国出版集团公司，http://www.cnpubg.com/news/2017/0428/34320.shtml，2017年4月28日。

重大出版工程的推进；国际市场的进一步开创与拓展；数字化等现代科技手段推动新型出版转型；资源利用、传播渠道互通、技术研发、人才培养等得到了高度的重视，被确立为未来中国与阿拉伯国家出版交流中需要强化的方面。

（三）"一带一路"倡议推动国别出版文化交流

创办于1982年的突尼斯国际书展是北非地区传承已久的年度文化盛事。2017年的第33届书展上，借助于"一带一路"倡议的推动，"中国图书展"上中国多家出版社联合行动，共展出500余册图书，以外文图书为主，主要包括介绍中国文化的国际汉语教材和教辅等。[1]

当下，伴随着突尼斯与中国日益频繁的商贸往来，两国之间的文化交流显得十分迫切。中国出版社关于中国传统文化及当代中国国情介绍的图书填补了多边需求。中方出版社也与突尼斯出版社签订了"中国文化"系列的阿文及法文版权输出协议，达成了十余项版权输出意向。自2013年起，中国图书译成阿文在突尼斯发行，或者与突尼斯出版社合作出版发行的图书日益增多，种类也日渐丰富。然而，突尼斯对中国出口的书籍主要是由中国、苏联、美国、德国作家所著，真正源自突尼斯本土作家的作品很少。[2]

2017年2月22日，举行了中国与摩洛哥、埃及、黎巴嫩和突尼斯合作出版的阿文版《屠呦呦传》全球首发式，同时，还推出了中医主题的系列图书。2017年5月，由中国图书进出口（集团）总公司和中国科学院文献情报中心共同举办的易阅通阿语平台与中国科讯"一带一路"阿语版APP联合发布仪式在中国主宾国展区举行。2017年5月8日，由中国外文局等编撰、编译的多文种图书《中国关键词："一带一路"篇》发布会在京举

---

[1]《中国图书展亮相突尼斯国际书展》，新华网，http://www.xinhuanet.com/politics/2017-03/25/c_129517959.htm，2017年3月25日。
[2]《中国图书展亮相突尼斯国际书展》，新华网，http://www.xinhuanet.com/2017-03/25/c_129517959.htm，2017年3月25日。

行，该书以中、英、法、俄、西、阿、德、葡、意、日、韩、越、印尼、土耳其、哈萨克等15个文种对外发布。

（四）少年作家助力中阿出版社合作进一步深化

2018年4月25日的阿布扎比国际书展上，阿联酋著名小作家阿卜杜拉系列绘本中文版新书全球首发。

2017年8月，在首届中国·山东"一带一路"出版贸易洽谈会上，山东友谊出版社、明天出版社与阿联酋纳布推出版社就阿卜杜拉的中文绘本达成出版合作。此次首发绘本是阿卜杜拉第一次在中国出版的中文版系列绘本。其中，《长颈鹿与鸽子》是阿卜杜拉的第一本绘本，以父母对孩子的陪伴为主题；《统一的家》是他的代表作，传递出少年心中浓烈的爱国情怀；《神奇的救援队》借助动物形象，讲述关于友情、亲情的故事；《小猴子的家》是以友爱为主题的故事书。[1]

少年作家阿卜杜拉的系列绘本中文版在中国出版发行，促进了两国少年儿童之间的友谊。同时，也有效地促进了两国出版社合作关系进一步深化和发展。

（五）中阿互译传递文明，推动双方出版合作

2017年4月26日，中国的新世界出版社与中国驻埃及使馆开罗中国文化中心牵头主办的阿拉伯翻译家与汉学家联谊会，中阿互译项目在第27届阿布扎比国际书展中国主宾国活动区正式签约启动。这是多年来，中国和阿拉伯国家长期致力于文化合作项目开发的重要成果之一。中阿互译项目签约仪式成为中国和阿拉伯国家之间互译出版工程正式进入实操合作阶段的重要标志和里程碑，同时也为中阿文化、新闻出版、版权领域的交流与合作搭建了一个高水平、接地气的紧密联系市场的正规平台。[2]

---

[1] 《阿联酋小作家系列绘本中文版新书首发 中阿出版社合作进一步深化》，搜狐网，http://www.sohu.com/a/229665144_377476，2018年4月27日。

[2] 《中阿互译项目签约仪式在阿布扎比书展举行》，中国网，http://www.china.com.cn/news/world/2017-04/27/content_40703878.htm，2017年4月27日。

中国和阿拉伯国家之间的友谊历史悠久，且都具有悠久的文明传承。随着中国"一带一路"倡议的提出，中阿之间各阶层文化互动日益频繁。"中阿互译项目"的落地开展，为两种文明之间的互相了解、学习和相互借鉴提供了重要的渠道。

（六）"中国·阿拉伯国家文学论坛"推动"一带一路"文化交流

2018年6月21日，由中国作家协会、阿拉伯作家联盟和埃及作家协会主办，中国作协外联部与开罗中国文化中心承办的首届"中国·阿拉伯国家文学论坛"在埃及开罗举行。来自中国、埃及、阿联酋、科威特、沙特阿拉伯、阿曼、苏丹、也门、巴勒斯坦等国50余名作家出席论坛。论坛主题为"文学新丝路"，旨在助力"一带一路"建设，深化中国与阿拉伯各国文化联系，促进文明互鉴、民心相通，分享文学创作的经验与体会，探讨加强文学作品互译的举措，在对话中增进相互了解，巩固传统友谊。论坛期间，中国作协还同阿拉伯作家联盟签署了《开罗共识》，分别同埃及和巴勒斯坦作协签署《中埃文学交流合作协议》和《中巴文学交流合作协议》。

（七）中埃作家对话，共话出版交流

2018年6月23日，开罗中国文化中心主办了"中国作协代表团与埃及中文翻译家、汉学家对话会"，十余名埃及中文翻译家、汉学家与中国当代知名作家进行了面对面的深入交流。①

此次对话为中华文化、中国图书"走出去"做出了重要贡献，也为进一步跨越地域、语言和文化，增进中国作家与各国翻译家之间的相互了解，为中国文学更有力地参与世界文学的建构贡献力量。同时，就埃及中文翻译界现状、存在问题、译者与作者之间的沟通渠道、翻译作品选择、翻译版权获取等话题进行了热烈而深入的讨论。诸多阿拉伯出版人认为，应该建立中

---

① 王文骁：《中国作家与埃及中文翻译家、汉学家开罗对话》，中国文化网，http://cn.chinaculture.org/portal/pubinfo/200000103002001/20180627/36c4f330db5446e4887561267cb540b1.html，2018年6月27日。

国与合作国政府间在文化领域方面的合作机制，各国文化部共同成立委员会，以促进"一带一路"国家之间不同形式、内容的文化交流，以此促进合作。通过文化艺术论坛、学术交流、文化周、培训课程等形式的活动促进交流合作。认为"中国图书应积极开拓阿拉伯'朋友圈'"，通过"图书交流让中阿关系更进一步"[①]。

（八）从地方到地方的多元出版文化交流

2018非洲"湖北传媒周"于埃及时间的7月11日在开罗隆重开幕，展出图书品种近2000个，包括书法作品、动漫周边产品、影视剧、电子产品等展品1万多件，举办各类交流及互动活动40多场，开幕式上成功签署合作成果文件8项。此次活动集中展示了湖北省新闻、出版、电影、电视、动漫及新媒体的发展成果，在向埃及观众展示湖北荆楚文化独特魅力的同时，也进一步促进了中国和埃及文化传媒界之间更广泛的交流和更深层次的合作。[②]

（九）智库促进世界文明交流，搭建广阔多元的文化交流平台

2018年6月4日，阿联酋知名作家、出版家、库塔出版社社长贾麦勒·夏西（Jamal Al Shehhi）与太和智库研究员及部分文化产业界人士围绕"'一带一路'新蓝海——中阿文化交流的产业化实践"议题进行了座谈交流。

座谈会中，贾麦勒·夏西提出了中阿出版业的合作当前主要存在的政策法律限制翻译，需求了解的不足等问题。中方代表认为，中国和阿拉伯国家的文化交流进入了一个新时代，近年来，中国的文化产业已经开始在中东地区占有一席之地。但从文化市场整体看，美欧文化产品仍占据主流，土耳其

---

① 渠竞帆、梁帆：《10位汉学家谈"一带一路"沿线国家的文化与出版交流》，中国出版传媒商报，http：//www.cclycs.com/a43614.html，2017年5月15日。
② 汤广花：《2018非洲湖北传媒周在埃及开罗开幕》，中国新闻出版广电网，http：//new.chinaxwcb.com：28080/info/123735，2018年7月13日。

和韩国经过多年经营，在中东地区文化市场拓展中取得了不俗的成绩，相比之下，中国文化产业在中东市场上的拓展还有很大空间与潜力可以挖掘。从需求来看，阿拉伯国家对中国快速发展的经验非常感兴趣，特别是精英阶层认为中国崛起的动力源于文化，很希望从中国的文化中学习借鉴有价值的东西，同时，阿拉伯国家民众也对中国丰富多彩的传统与现代文化颇有好感和兴趣。在这一进程中，大力发展文化产业，不断提升国际竞争力是增强国际话语权的一条重要路径，以太和智库为代表的中国智库团队将始终以促进世界文明交流互鉴为目标，搭建更为广阔多元的平台渠道，积极参与和推动中外文化交流活动。①

二　中阿出版文化交流的特点

（一）官方框架主导，民间多元推进，合作成果颇丰

随着中国与阿拉伯国家之间人文交流的深入发展，中阿出版合作的意向日趋强烈。从官方到民间，都呈现相对积极主动的合作趋势。就中国而言，顶层设计方面，《文化部"一带一路"文化发展行动计划（2016—2020年）》制订了宏观的合作发展计划，通过智库学者、汉学家、翻译家交流对话和青年人才培养，促进思想文化交流；将推动中外文化经典作品互译和推广作为重点任务。阿拉伯国家也能够积极主动地参与和配合中国出版文化交流的传播，在"丝路书香工程"的开展中，阿文版《中国震撼》海外销售3000册，阿文版《一带一路：机遇与挑战》海外销售1000册，阿文版《追梦中国：商界领袖系列》海外销售1000多套。在埃及等举办了中国图书展销月、《习近平谈治国理政》推广研讨会等对外文化交流活动。中国图书落地在埃及、阿联酋等阿拉伯国家的主流书店，积极搭建中国出版物的展销新

---

① 《中阿文化交流的新蓝海》，搜狐网，http://www.sohu.com/a/234352955_201559，2018年6月7日。

平台。中国图书在阿出版推广平台等，实现中国图书数字化落地。[①]

中阿文化出版交流得到了各界的支持。借助"一带一路"倡议的东风，中阿地方出版社、民间出版人也能够自发地为中阿出版文化交流的发展做贡献，涌现出一批优秀的出版人和作家，成为中阿文化交流的一股重要力量，使中阿文化交流更好地落地民间。通过多元途径，发挥社会力量，打破传统的纸质出版局限，通过网络平台、数字手段等生动形象地讲述中阿人文故事，民间出版社和独立出版人以更加亲民的形式为中阿出版文化交流添砖加瓦。

中阿出版交流在官方和民间的共同推进下已经呈现良好的发展势头，形成了较好的开局。随着科学技术手段的开发和应用，除了传统的纸质书籍，智库、数字期刊、电子图书等成为当代出版传播的多元渠道。数字化时代的进程推动着出版产业的革新，交流成果以不同的形式展现在大众的视野中，通过更加便捷、高效和经济的方式走入大众视野。

（二）第三方语言媒介为主，内容不够丰富

在中阿人文交流的传播语言构成中，第三方语言，特别是以英语为媒介语言的现象较为明显。西方媒介的话语垄断则导致传播的真实性、有效性受到影响。通过西方媒体传播的中阿文化会受到西方国家解读不实的影响，会导致在出版物中引起不必要的误解。随着出版交流渠道的多元化发展，出版物的内容和品质也成为广大读者所关注的部分。从出版人的访谈中也可发现，第三方语言为载体的现象依然普遍存在，特别是在报纸、期刊等信息传播时，中阿的大量相关信息是通过西方媒体以第三方语言为媒介传播到大众视野中的。如此一来，在西方意识形态的影响下，不可避免地会导致报道失实现象的产生，引起中阿甚至是更多国家之间的误解。

分析中阿出版文化交流的现状不难发现，虽然出版交流的途径日渐多

[①] 《文化部关于印发〈文化部"一带一路"文化发展行动计划（2016—2020年）的通知〉》，中华人民共和国中央人民政府，http://www.gov.cn/gongbao/content/2017/content_5216447.htm。

元，但是出版物内容不够丰富。主要停留在双方的传统文化、价值观等方面的交流。以人文故事为主要交流内容，缺少针对性、专门领域的出版文化交流。近些年，就中国对阿拉伯国家的出版文化交流来看，虽然涉及社会价值观、时代思潮等方面，但内容较为宏大，难以引起普通民众的共识。而"阿拉伯主流媒体针对中国的外交与民族政策提出大量的质疑声"[①]，也反映出中国文化传播的局限性，现有的出版、媒体等传播不足以让阿拉伯国家完全、透彻地了解中国。作为国际上话语权的重要表达方式之一，出版交流是中阿双方实现"增信释疑"的重要方式，是更好地实现"民心相通"的重要纽带，全面丰富出版交流内容或将成为加强民族文化解读，深化人文交流的有效途径。

（三）地域相对集中，辐射范围有待增加

阿拉伯国家是指以阿拉伯民族为主要民族的国家，均以阿拉伯语作为国语或者官方语言，文化和风俗习惯相对统一。全世界共有22个阿拉伯国家和地区。然而，纵观参与中阿出版交流合作的国家，特别是"一带一路"沿线的国家，主要集中在埃及、阿联酋等国家和地区。

随着近年来中阿关系的友好发展，中阿作家、翻译家等的交流活动日渐增加，但根据现有资料可以发现，中阿出版合作仍然有欲望强烈但动力和补给不足的现象出现。阿拉伯国家的许多童话故事在中国家喻户晓，但是阿拉伯国家和地区的人文地貌对中国普通百姓来说就不那么熟悉了。而在阿拉伯国家的大型书展上鲜有中国图书的出现。在阿拉伯地区，由于受到政治、经济和社会等诸多方面的限制，图书出版和发行产业始终难以成为经济发展的主流，是被边缘化的经济产业。不少阿拉伯地区的国家缺乏专业的出版机构，不少出版商需要自主摸索完成从出版到发行、销售的全部事宜，缺少专业人员的指导和规划，这就极易造成宣传和流通的障碍。如此一来，严重地

[①] 李睿恒、马晓颖：《中国在阿拉伯世界图书出版的传播力探析》，《对外传播》2017年第5期。

影响到中文图书的选择和引进，导致图书的内容和质量难以满足阿拉伯国家和地区对中国文化和中国国情的精准解读，阻碍中阿双方出版合作的发展。

总体而言，中国与阿拉伯国家的出版合作交流是以官方的顶层设计为主导，从国家层面积极推动双方的合作交流，民间合作机构和个人能够主动地参与其中，多方面地推进。通过官方与民间的共同努力，中国与阿拉伯国家和地区的出版合作已有较为丰厚的收获。但是，在某些领域仍然需要第三方语言的过渡，这种现象的存在会导致出版内容受到限制和曲解。由于国情不同，中阿双方的主要出版合作地域呈现相对集中的分布，特别是在阿拉伯国家中，东部地区的国家相对较多，西部略显匮乏。

三　中阿出版文化交流的建议

（一）以"民心相通"为主导，增强针对性出版交流合作

紧随"一带一路"倡议而来的"五通"成为中国与沿线国家开展合作的重要指标。其中，"民心相通"作为重要组成部分，构建的是民间交流的纽带，是一种自下而上的延展式合作与沟通。作为文化传承载体的重要方式，出版合作交流应当在"民心相通"方面得以重视。

如前所述，中阿出版交流方面，多是以官方为主导，突出顶层设计的作用。以官方为主导开展合作固然能够有效地从宏观层面推进出版交流合作，建立长期有效的合作机制，但是，为了更好地寻求可持续发展，应当关注大众所需，从广大人民的实际需求和兴趣着手，拓展民间的出版交流，丰富出版的内容与质量，增加"接地气"的出版物，切实地推进民间交流，使得双方民众能够更进一步了解彼此的生活现状和社会百态，推动搭建更广阔的合作平台。

综观现有的中阿出版合作，所涉及的领域相对有限，不能全面地勾勒中阿各国的发展现状，难以真实有效地反映社会全貌。在未来的出版合作过程中，可以更具针对性地增加尚未涉猎但双方切实需要的领域内容。做好合作

前期的全面调研，明确合作意向，制定合理的出版规划，查漏补缺，弥补现有出版合作中的空白点，扩大受益群众，充实合作领域，建立更加完善的中阿出版交流机制，全面推进中阿出版文化合作交流。搭载"丝绸之路国际图书馆联盟"①、"丝路书香工程"等平台②，以出版为媒，助力"民心相通"的构建。

（二）培养专业人才，推动出版合作多元全面开展

中国政府推动的"丝路书香工程"重点翻译出版了一系列思想性、艺术性、可读性相统一的出版物，增强了"一带一路"沿线国家对中华文化的认同；强化了中国出版物在国际市场中营销渠道的建设，逐步推动中国图书在沿线国家有效落地，拓展和提升中华文化的影响力。然而，两种语言的文化互通离不开专业的语言学者，积极培养出版领域的外语人才，是两种不同语言国家和地区出版合作的重要前提，能够充分保障文化交流中信息传递的准确性，减少因使用第三方语言为媒介语而造成的理解性差异。"中阿互译出版项目"的成功签约也体现出专业人才在出版交流合作中的重要作用，能够有效地激发中阿出版机构之间合作的意向，调动双方文学家、翻译家之间开展互译研究的积极性，有助于促进中国与阿语地区出版的合作发展，丰富中国与阿拉伯地区人文交流的内涵。

中共中央办公厅、国务院办公厅印发的《关于加强和改进中外人文交流工作的若干意见》指出：

> 要构建语言互通工作机制，推动我国与世界各国语言互通，开辟多种层次语言文化交流渠道。……要加强中外人文交流综合传播能力建

---

① 《国务院新闻办：一带一路·民心相通文化领域基本情况介绍》，个人图书馆，http：//www.360doc.com/content/17/0512/09/32452152_653185261.shtml，2017 年 5 月 12 日。
② 国务院新闻办公室：《新闻出版广电总局推进与"一带一路"沿线国家民心相通情况背景材料》，http：//www.scio.gov.cn/xwfbh/xwbfbh/wqfbh/35861/36653/xgbd36660/Document/1551861/1551861.htm，2017 年 5 月 11 日。

设,推动中外广播影视、出版机构、新闻媒体开展联合制作、联合采访、合作出版,促进中外影视节目互播交流,实施图书、影视、文艺演出等领域的专项交流项目和计划,丰富人文交流的文学艺术内容和载体……讲好中国故事,传播中国声音,阐释中国道路,增强中国文化形象的亲近感。[1]

处于全球化时代的出版行业,早已不再是简单地批量印刷和装订,而是需要各行各业多领域的合作,在有鲜明特征的领域开展出版合作,实施多元的发展,主动寻求市场需求。在中阿合作方面,各领域、各阶层应当通力合作,共同予以出版合作应有的关注和支持,满足广大市场所需,确保出版交流的顺利进行。

(三)拓宽销售路径,扩大投放范围

当前中阿出版合作呈现良好的发展势头,为了更好地将出版物予以销售,出版机构应当谋求多方面的支持,拓展多方渠道,打开市场销路,不能局限于现有的发行和合作方式。除了通过国家层面开展的文化交流、书展等活动平台推动出版销售,还应当主动与地方机构展开合作,进行全面的市场调研,以市场为导向,开拓销路。双方可以寻找本土、地方较为成熟的出版机构展开合作,借助其在本地积累的丰富的销售经验,针对营销中的薄弱环节,制订出具有前瞻性的出版计划,有的放矢地选择出版内容,建立销售机制。

销售路径的拓展除了传统的出版商之外,还可以借助强大的电子平台。随着电子商务发展的日趋完善,越来越多的网上书店、电子书城、销售平台等应运而生。网络销售平台的优势在于打破地域的界限,同时,电子书籍成本往往略低于纸质书籍,便于携带,能够使更多有需求的读者受益。手机APP等应用平台的兴起也可以为图书出版传播所应用,建立相应的阅读平

---

[1] 《中共中央办公厅国务院办公厅印发〈关于加强和改进中外人文交流工作的若干意见〉》,新华社,http://www.gov.cn/zhengce/2017-12/21/content_5249241.htm,2017年12月21日。

台,能够更加便捷有效地进行资源共享,促进出版合作开发。

打破传统单一的销售模式,拓宽销售路径,开发多种多样的销售渠道,打造更具现代化,符合自由主义市场经济发展的销售网络,将成为中阿出版合作发展的有力支撑。

(四)引用新型科技手段,构建多维合作模式

随着"互联网+""云端平台""智库""新媒体""自媒体"等数字技术飞速发展时代的到来,信息的传播形式发生着日新月异的改变。将传统与新兴事物相结合,不断推陈出新地开发出版产业的新途径,建立多维、多变的交流合作模式无疑会成为一种必然的发展趋势。

新型的科学技术手段正悄然地改变着人们的生活模式、信息获取方式,能够实现多角度、全方位地即时获取信息,将虚拟的空间与真实的社会紧密相连,如此一来,也将会带动出版方式的改变。传统的出版交流模式势必会受到冲击和挑战,但是如果可以积极主动地抓住机遇,推动转型发展,建立从纸质平面到电子平台的多维立体模式,将会更好地保存经典,突破地域、时间的界限,瞬时地完成交流合作。

时代的进步与科技的发展是未来不可逆的发展趋势,中阿出版文化交流亦需与时俱进,通过不断探索开发,创立综合性传播平台,加强品牌推广和内涵交流,因"市"制宜地促进文化的交流传播。

中阿出版文化是中阿交流合作的一个重要方面,是传承历史、展望未来的重要载体。随着"一带一路"倡议的推进,"讲好中国故事",中国文化"走出去"等项目的有序开展,中阿出版文化交流取得了较大的进步和发展。中阿出版文化交流既有坚实的历史积淀,也有值得憧憬的未来。尽管面对着时代的挑战,但是复杂多变的科技手段既是挑战,更是机遇和动力。在中阿双方积极响应国家倡议,主动开展跨国、跨地区交流的良好态势之中,中阿出版文化交流的发展定会成为双方共建"一带一路"、深化中阿合作的有力推手。

中阿广播影视交流合作报告

张咏群[*]

摘　要： "一带一路"倡议为中国与阿拉伯国家文化交流合作带来重要机遇。2016年12月29日《文化部"一带一路"文化发展行动计划（2016—2020年）》发布，而"一带一路"沿线有13个阿拉伯国家，在此框架内中阿文化交流合作稳步走向常态化和规范化。作为中阿文化交流合作重要组成部分的中阿广播影视领域的交流合作也呈现这种态势。2012～2016年五年间，中阿在该领域的交流合作取得长足进展，合作的层次不断提升，影响力不断扩大，内容也不断丰富和拓展。本文立足广播、电影、电视三种传媒方式，对2012～2016年五年间中阿广播影视交流合作概况做一简要回顾，然后在此基础上总结2017年中阿广播影视交流合作概况，并进行特点及趋势分析。

关键词： 中国–阿拉伯国家　广播影视　一带一路

引　言

2016年正值中阿开启外交关系60周年，2012～2016年五年间，经过中阿双方共同努力，中国和阿拉伯国家在广播影视交流合作领域不断增强互

---

[*] 张咏群，四川师范大学副教授。研究方向为语言学及应用语言学、汉语国际教育、文化传播。

信、互利、互鉴，交流合作保持十分活跃的状态，在已有的内容、形式、范围、层次上都进行了更多新的尝试。我们简单回顾一下。

1. 继续依托国家层面的合作交流平台和机制——中阿博览会（中阿论坛），积极开展广播影视领域的交流合作

自2011年中阿广播电视合作论坛举办以来，中阿以中阿博览会为依托在该领域持续交流与合作，分别于2013年9月、2015年9月在宁夏银川连续举办，涉及合作国家越来越多，范围越来越广，内容越来越具体。论坛期间中国与多国签订广播影视领域合作协议。2016年11月，中阿广播电视合作论坛在银川再次召开，中阿就政策沟通、媒体合作、技术和人员交流等议题进行了研讨，并达成了许多共识。中阿决定将在节目交换、建立联合采访机制等方面更进一步探索切实可行的合作模式。发表了《中国－阿拉伯国家广播电视合作论坛银川宣言》。[①]

2. 中阿注重各类交流合作项目的落实

五年间多个合作项目得到落实，如：中国国际广播电台在阿拉伯国家调频台的建设，在数字电视合作方面与吉布提、科摩罗等国签署协议，英语国际频道、阿语国际频道在约旦、科摩罗、摩洛哥、利比亚等国播出，与黎巴嫩等国国家电视台签署节目合作协议。中国媒体在苏丹、埃及、尼日利亚等国举办"中国电视周"活动，签署"中国剧场"合作协议、举办电视剧展播季等活动。中国优秀影视作品被译成非洲当地语言，进入非洲30多个国家的主流媒体播出。地方电视台（宁夏卫视）在阿联酋迪拜正式落地，通过迪拜中阿卫视，使用有线和卫星传输的方式实现在阿拉伯国家的落地传输。除了政府间的合作交流，民营企业也加强了与阿拉伯国家广播影视领域的具体合作。

3. 依托传统品牌项目"中阿丝绸之路文化之旅""丝绸之路影视桥工程"，举办各类电影电视节展等系列活动助推中国影视作品"走出去"

五年间，影视方面的节展分国内、国外，其举办频率、涉及国家、交流

---

① 《"中阿广播电视合作论坛"在宁夏银川举行》，http：//www.chinaarab.com/2016/1121/5637.shtml，2016年11月21日。

人次均呈上升趋势，借助各类平台成立各类媒体联盟，广播影视方面的合作交流蓬勃发展。五年间，中阿广播影视交流合作呈现出以下特点。一是，重视品牌文化项目的打造，并以此为依托逐步形成交流合作的长效机制。如"中阿丝绸之路文化之旅"活动以及"丝绸之路影视桥工程"和覆盖面最广、参与人数最多、影响最为广泛的中外文化旗舰项目——"欢乐春节"均在中阿广播影视交流合作方面发挥了巨大作用。

二是，逐步建立高层次交流机制和平台，不断创新合作内容。作为中阿博览会分论坛的"中阿广播影视论坛"2013年、2015年、2016年连续在宁夏银川举办。"中非媒体论坛"也是国家新闻出版广电总局在中非论坛框架下打造的高层次交流合作平台，每两年举办一届，自2012年以来，紧随中非合作步伐，带动了中非广播影视领域的合作交流，包括新闻交流合作、采编网络建设、影视作品译制播出、广电数字化工程等方面的合作都取得较大进展。①

2016年5月，中国－阿拉伯国家合作论坛第七届部长级会议签署《多哈宣言》，其中第39条规定："双方继续在广播影视领域加强合作，开展联合采访、联合制作、节目交换等内容交流与合作，开展影视节目译制和授权播出，开展人员互访、交流培训、互办电影周等活动。开展广播影视产业合作。鼓励双方代表团互访，参加在对方国家举办的广播影视节展、论坛"。②

一 2017年中阿广播影视交流合作概况

文化部于2016年12月29日发布《文化部"一带一路"文化发展行动计划（2016—2020年）》，"《行动计划》中提出，重点任务是：健全'一带一路'文化交流合作机制，完善'一带一路'文化交流合作平台，打造'一带一路'文化交流品牌，推动'一带一路'文化产业繁荣发展，促进

---

① 第三届中非媒体合作论坛在北京举行，国际新闻，http://www.dzwww.com。
② 《中国阿拉伯国家合作论坛第七届部长级会议多哈宣言》，http://www.fmprc.gov.cn/zalt/chn/wjk/bzjhywj/dqjbzjhy/t1374608.htm，2016年5月12日。

'一带一路'文化贸易合作"。①

由此2016~2020年的五年间,"一带一路"将成为文化交流合作的抓手。作为国家对外文化交流合作重要组成部分的中阿文化交流合作也将在这一指导方针和政策框架内开展。

2017年我国文化外交影响力不断扩大,与"一带一路"沿线12个阿拉伯国家和地区(伊拉克、叙利亚、约旦、黎巴嫩、巴勒斯坦、沙特阿拉伯、也门、阿联酋、卡塔尔、科威特、巴林、埃及的西奈半岛)的文化交流合作成为"一带一路"文化建设的重要组成部分,其中的中阿广播影视交流合作在机制建设、平台搭建、品牌打造等方面亦取得长足进展。

2017年,我国广播影视对外交流合作在落实2013年、2015年中阿广播电视论坛签约项目的同时,依托各大文化品牌工程持续扎实地开展各项文化交流合作活动。

1. 加强文化交流品牌建设,充分发挥品牌交流项目的作用

坚持以大型品牌文化项目为依托,举办各类系列活动。

(1)"欢乐春节"。

2017年"欢乐春节"系列活动在各个国家约400多座城市举办了十多个门类的文化活动,其内容包括影视播放、专场演出、展览、美食互动等,吸引了数以亿计的各国民众的参与,海外受众超过2.5亿人次。②

"欢乐春节"系列活动2017年初在埃及开展,内容包括大庙会、中国速度·印象摄影展、中国电影展映周等。2017年1月19日,约旦"欢乐春节,意会中国"系列文化庆祝活动先后在约旦首都安曼市开罗银行画廊和侯赛因文化中心拉开帷幕。春节期间,驻约旦使馆还在安曼市、扎尔卡市、伊尔比德市组织10场庆祝中国与约旦建交40周年和"欢乐春节"系列文化活动。同时在黎巴嫩首都,"欢乐春节"相关活动也在展开。

---

① 《交流互鉴,提升国家文化软实力——各地"两会"政府工作报告关注对外文化交流合作》,中国文化报,http://epaper.ccdy.cn:8888/html/2017-02/20/content_196862.htm。
② 《文化部2017年"欢乐春节"将打造全球布局》,http://www.xinhuanet.com/politics/2016-12/16/c_129406357.htm。

(2)"丝绸之路影视桥工程"和"丝路书香工程"。

为发挥广播影视在"一带一路"文化建设中的桥梁纽带作用,从2013年开始,新闻出版广电总局就实施了这两个工程。2017年5月11日,国务院新闻办公室召开了推进与"一带一路"沿线国家民心相通情况发布会。3年多来,两大工程在促进民心相通方面发挥了积极作用,在与阿拉伯国家广播影视的交流合作方面也发挥了巨大的作用。

一是制作专题节目,传播丝路文化。中央电视台、中央人民广播电台陆续推出了"丝绸之路经济带""合作共赢·民心相通""一带一路进行时"等节目,地方媒体也结合本地特点进行了大量报道。

二是举办电影节,带动文化交流。2014年创办了丝绸之路国际电影节,目前已连续举办了3届。2016年,参加丝绸之路国际电影节的国家达到了57个。

三是与丝路国家合力创作,促进文明互鉴、文化繁荣。中外媒体机构合作推出了一批影视精品,实施重点影视合作译配工程。

四是举办媒体品牌活动,深化新闻出版广播影视交流合作。举办"丝绸之路万里行"等品牌媒体活动,构建了"丝路电视国际合作共同体""一带一路新闻合作联盟"等交流机制。

五是强化技术产业合作,推动广播影视基础设施联通。在海外推广"中国巨幕"系统及其专用母版制作技术。①

2. 积极开展各种形式的政府间、民间互访、学习和交流

(1)"2017年1月21日,《百年巨匠》国际宣传片正式启动,这是由中宣部、国务院新闻办组织实施的文化工程项目,分英语、西班牙语、阿拉伯语、俄语、法语等8种语言,将中国百年来文化艺术界的大师、巨匠,介绍给更多的国家,让世界更多地了解中国文化。"②

(2)"2017年2月23日,开罗中国文化中心阿拉伯翻译家与汉学家联

---

① 《"丝绸之路影视桥""丝路书香"两大工程作用突出》,http://www.scio.gov.cn/xwfbh/xwbfbh/wqfbh/35861/36653/zy36657/Document/1551636/1551636.htm。
② 中国文化报,http://epaper.ccdy.cn:8888/html/2017-02/12/content_196434.htm17.2.12。

谊会第一次会员大会在中国文化中心举行。该联谊会于2016年11月21日成立，可改善中阿翻译及汉学领域缺少组织机构、缺乏系统性和制度性发展规划的现状。已有27名会员加入，其中以埃及青年翻译家为主，还包括部分汉学家和资深翻译家，这些会员主要从事中阿文学、科技和影视等领域的翻译工作。"①

（3）"2017年4月17日，由文化部、国家新闻出版广电总局共同主办的2017年中外影视译制合作高级研修班在北京开班，来自埃及、蒙古国、巴西、俄罗斯、法国、英国等21个国家的22位电影节主席、影视机构负责人、译制专家等参加了研修班。作为研修班的重要活动，4月19日举办了'中国影视走出去'——路演及推介会，使之成为助推中国影视作品走出去的有效平台。"②

（4）"2017年5月4日，2017非洲剧院管理人员培训班在北京结业。来自非洲的15名剧院管理人员学习了中国国情概述、中国剧院管理与运营等课程，学习了有关丝绸之路国际剧院联盟、天津大剧院的管理与运营等内容。为期10天的培训对扩大中非人文合作、促进共同发展具有积极意义。"③

（5）"2017年10月25日至26日，第二届翻译与中阿人文交流国际研讨会在黎巴嫩大学举办。中国驻黎巴嫩大使王克俭表示，人文交流一直是中阿'一带一路'合作的重要支柱，中方赞赏并支持黎巴嫩高校为推广汉语教学和传播中国文化所做的努力，愿与黎方一起推动双边人文交流与合作。研讨会上，来自中国、黎巴嫩、摩洛哥和法国的30多位专家学者，研讨了'翻译理论与实践''艺术与传媒：文化交流途径'等六个主题。其中，中国的'通过电影里的"木兰"看中国'等讨论引起听众的极大兴趣。"④

---

① 《开罗举办阿拉伯翻译家与汉学家联谊会》，中国文化报，http：//epaper.ccdy.cn：8888/html/2017－03/03/content_ 197519.htm。
② 《优质内容，地道译制，"一带一路"助推——让中国影视作品稳步走出去》，中国文化报，http：//epaper.ccdy.cn：8888/html/2017－04/25/content_ 201463.htm。
③ 中国文化报，http：//epaper.ccdy.cn：8888/html/2017－05/04/content_ 202204.htm。
④ 《黎巴嫩举办翻译与中阿人文交流研讨会》，中国文化报，http：//epaper.ccdy.cn：8888/html/2017－11/02/content_ 216120.htm。

3. 不断健全文化交流合作机制

2017年中阿广播影视领域的合作交流服务"一带一路"战略,举办各种论坛,发表联合声明,签署各项协议,健全本领域文化交流合作机制。

2016年12月《文化部"一带一路"文化发展行动计划(2016—2020年)》发布,重点任务之一是健全"一带一路"文化交流合作机制,包括"一带一路"国际交流机制建设、"一带一路"国内合作机制建设等计划。文化交流合作机制建设已被提到国家层面。2017年,广播影视对外交流合作继续实施"丝绸之路影视桥工程",并兼顾与非洲阿拉伯国家的交流合作,持续推进"中非影视合作工程",举行"中非媒体合作论坛"。继续搭建"中阿广播影视合作论坛"等交流合作平台,增强与阿拉伯国家,尤其是"一带一路"沿线阿拉伯国家媒体和国际组织之间的交流合作,增进理解互信。

(1) 2017年5月14日至15日,中国在北京主办"一带一路"国际合作高峰论坛。"这是各方共商、共建'一带一路',共享互利合作成果的国际盛会,也是加强国际合作,对接彼此发展战略的重要合作平台。高峰论坛成果清单主要涵盖5大类,共76大项、270多项具体成果。其中在第五大类'增强民生投入,深化民心相通'中列出与阿拉伯国家在文化领域的合作清单:与黎巴嫩政府签署了《中华人民共和国政府和黎巴嫩共和国政府文化协定2017—2020年执行计划》,与突尼斯政府签署了《中华人民共和国政府和突尼斯共和国政府关于互设文化中心的协定》;中国国家新闻出版广电总局与沙特阿拉伯视听管理总局签署了合作文件。中国国务院新闻办公室与阿联酋国家媒体委员会、巴勒斯坦新闻部签署媒体交流合作谅解备忘录。"[①] 为中阿广播影视领域交流合作的具体化、措施化迈出重要的一步。

(2) "2017年5月14日,由央视倡议的'一带一路'新闻合作联盟在'一带一路'国际合作高峰论坛——增进民心相通平行主题会议上正式成

[①] 《"一带一路"国际合作高峰论坛成果清单》,《人民日报》(海外版)2017年5月16日,第4版。

立,全球20个国家的26家主流电视媒体签署声明并加入联盟。"①

(3) 丝绸之路国际剧院联盟。

"丝绸之路国际剧院联盟于2016年10月成立。是一个由中国对外文化集团倡议发起的大型多边性国际化演艺产业平台。中国国内成员单位27家,海外成员单位有来自32个国家和地区(包含我国香港、台湾地区)以及2个国际组织的58家机构。其中包括突尼斯、黎巴嫩、苏丹、约旦、摩洛哥等5个阿拉伯国家的7个剧院。丝绸之路国际剧院联盟建设是一项系统工程,将坚持共商、共建、共享原则,积极推进沿线国家文化艺术发展战略的相互交流合作与对接。"②

(4) 丝路电视国际合作共同体。

"2017年5月10日,黎巴嫩国家电视台和OTV电视台在首都贝鲁特签署了加入丝路电视国际合作共同体的备忘录。两家电视台还参加了中国电视剧《生活启示录》(阿语版)联播活动。黎巴嫩国家电视台于4月24日开始播出,每天一集;OTV电视台也将随后安排播出。"③

4. 搭建完善文化交流合作平台

2017年中阿广播影视文化交流合作以《文化部"一带一路"文化发展行动计划(2016—2020年)》为指导,着力打造以"一带一路"为主题的国际影视艺术节、国际博览会等交流合作平台。

(1) 丝绸之路(敦煌)国际文化博览会。

"2017年9月20日,第二届丝绸之路(敦煌)国际文化博览会在甘肃敦煌开幕。来自52个国家、4个国际和地区组织的数百位代表参加了此次博览会。截至9月,中国已与'一带一路'沿线国家累计签订了300多个政府间文化合作协定、备忘录、项目执行计划及互设文化中心的协定。丝绸

---

① 《"一带一路"新闻合作联盟正式成立》,中央电视台,http://www.cctv.cn/2017/05/19/ARTIE9N833La5WsXso9yOxjF170519.shtml,2017年5月19日。
② 《丝绸之路国际剧院联盟成员汇聚广州演交会》,http://app.myzaker.com/news/article.php?pk=5a05831e1bc8e01f26000027。
③ 《黎巴嫩电视台加入"丝路电视国际合作共同体"》,中国文化报,http://epaper.ccdy.cn:8888/html/2017-05/10/content_202667.htm。

之路国际剧院联盟等合作机制将为沿线国家文化机构之间开展业务交流、信息共享、人员往来、人才培训等提供便利"。①

（2）"丝绸之路国际艺术节""海上丝绸之路国际艺术节"。

2017年9月7日晚，由文化部、陕西省人民政府联合主办的第四届丝绸之路国际艺术节在陕西西安广电大剧院开幕。整个活动涉及各类艺术形式。同时还举办国际现代艺术周、国际创意动漫周、国际儿童戏剧周等活动。自2014年设立三年来，"丝绸之路国际艺术节"在促进"一带一路"建设和丝路沿线国家文化交流与合作等方面发挥着越来越重要的作用。②

2017年10月20日，第十九届中国上海国际艺术节开幕，其间"丝绸之路国际艺术节联盟"成立，"一带一路"沿线各国124个艺术节机构加入。该艺术节联盟将全面推进"一带一路"沿线及全球艺术节、艺术机构的合作进程，促进"一带一路"沿线国家的文化创新。

"2017年6月17日第20届上海国际电影节拉开帷幕。来自13个国家的电影及电影节机构代表与上海国际电影节主办方签署了'一带一路'电影文化交流合作机制备忘录。此次与上海国际电影节建立交流合作机制的有来自埃及、爱沙尼亚、希腊、匈牙利、印度、印度尼西亚、爱尔兰、哈萨克斯坦、拉脱维亚、立陶宛、荷兰、菲律宾、乌克兰等国家的电影机构及电影节主办方等。在'一带一路'倡议带动下，沿线各国电影产业将不断繁荣。"③

除"丝绸之路（敦煌）国际文化博览会""丝绸之路国际艺术节""海上丝绸之路国际艺术节"三大平台以外，深圳文博会、上海国际艺术节等综合平台的建立，为提升中华文化在丝路沿线国家的影响力起到了应有的作用。④

---

① 中国文化部，http://www.mcprc.gov.cn/whzx/whyw/201709/t20170921_826768.htm。
② 《第四届丝路国际艺术节精彩纷呈》，中国文化报，http://epaper.ccdy.cn:8888/html/2017-09/12/content_212188.htm。
③ 《上海电影节主办方与10多国电影机构建立"一带一路"电影文化交流合作机制》，http://www.chinafilm.com/gjhz1/1810.jhtml。
④ 《推动文化走出去 多维度提升国家文化软实力——党的十八大以来对外和对港澳台文化工作创新发展成就综述》，http://epaper.ccdy.cn:8888/html/2017-10/20/content_214834.htm。

5. 发挥已有资源作用，让电影电视"走出去"

积极主动参与海外电影电视节展，充分发挥海外中国文化中心的作用，加快电影电视"走出去"步伐。

（1）"2017年3月27日，第23届地中海国家电影节中国主宾国开幕式活动在摩洛哥的得土安举行，双方政府官员及开幕影片《湄公河行动》主要演职人员出席了活动，正在摩洛哥取景拍摄的影片《红海行动》的主演也到场祝贺。"①

（2）2017年4月25～28日，中国国际电视台阿语频道、中国国际电视总公司、中国国际广播电台、宁夏广播电视台参加了由阿拉伯国家广播联盟、阿拉伯通信卫星组织、突尼斯国家电视台和电台在突尼斯联合举办的第十八届阿拉伯广播电视节，共有230部影视作品参与了不同奖项的竞争。②4月26日，中国电视剧《生活启示录》联播启动仪式在第十八届阿拉伯广播电视节"中国影视节目推介会"上顺利举行。中国驻突尼斯大使边燕花在致辞中指出近年来中阿在广电、媒体、文化艺术、人员培训等领域交流活跃频繁，合作成果丰硕。阿拉伯国家是当前中国正在积极推进的"一带一路"建设的重要合作方向，"民心相通"是"一带一路"建设的重要内容。中阿在广电领域加强合作，有助于搭建起加强双方民众"民心相通"的桥梁，增进双方人民的相互认知和友好感情。中国影视节目推介会的举办必将进一步促进中国与阿拉伯国家广电同行之间的相互了解和往来，加深阿拉伯电视观众对中国和中华文化的认识和了解。苏莱曼总干事在中国影视节目推介会上致辞，欢迎中方举办中国影视节目推介会，希望阿中双方加强在技术研究、节目制作等领域的合作，阿广联将继续鼓励阿拉伯广电行业积极参与"一带一路"建设，为推动阿中友好合作关系发展做出贡献。广电总局办公厅主任吴保安表示，中国广电机构愿与阿拉伯广电同行加强机制化交流合作，相互宣介对方优秀影视作品，欢迎阿拉伯广电机构积极参与中方发起成

---

① 《第23届地中海国家电影节中国主宾国开幕式在摩洛哥举办》，http://www.chinafilm.com/gjhz1/1012.jhtml。
② 中国文化网，2017年5月5日。

立的"丝路电视国际合作共同体"。中国国际电视总公司还同突尼斯国家电视台就其加入"丝路电视国际合作共同体"和译制版电视剧《生活启示录》在突播放签署了合作备忘录。①

（3）"2017年11月30日，'走进现代中国——中国电影开放日'活动在苏伊士运河大学举行，中国电影《杜拉拉升职记》的阿拉伯语版首次与观众见面。"②

二 2017年中阿广播影视交流合作特点及趋势分析

2017年国家对外文化交流体系逐步建立，文化外交影响力不断提升。2016年12月《文化部"一带一路"文化发展行动计划（2016—2020年）》发布（简称《计划》），《计划》成为国家近五年文化交流与合作的纲领性文件，中阿广播影视交流合作也以此为指导，在2017年呈现新的特点和发展趋势。

1.整合统筹已有文化交流合作品牌项目，在《计划》指导下更加有序推进

打造"一带一路"沿线文化交流合作品牌，积极扩大文化交流规模，已被列入《计划》中，中阿广播影视领域的合作交流有政策引导，有平台依托，更有以往已经打造的各类项目做基础，2017年呈现蓬勃发展的势头。

中阿广播影视领域交流合作借助"欢乐春节"、"中阿丝绸之路文化之旅"活动、"丝绸之路文化使者"、"丝绸之路影视桥工程"等品牌文化活动项目得以不断深入。

"欢乐春节"作为文化部2001年推出的大型对外文化交流合作项目，经过多年的发展，已成为最闪亮、最具有影响力的文化活动品牌。2017年，这一品牌文化活动得到空前的推广，许多国家政要参与其中，一些国家甚至为春节放假。在一系列活动中，广播影视超越语言和文化的限制，以最直观

---

① https://m.sohu.com/a/138478862_534796/?pvid=000115_3w_a.
② 《苏伊士运河大学孔院"中国日"带你了解现代中国》，人民网，2016年11月2日。

的视觉方式向包括阿拉伯国家在内的各国展示中国和中国文化的魅力。

"欢乐春节"活动可以利用广播影视这一最直观的传媒方式开展中国电影周、中国电视周活动，与对象国主流媒体合作，播放反映春节文化的节目。充分发挥我国在非洲、在阿拉伯国家成功播出优秀的电视剧的影响，与当地主流媒体合作组织相关活动，进一步扩大中国影视文化的影响。

"中阿丝绸之路文化之旅"更是新中国成立以来面向阿拉伯国家开展的最大规模的文化交流活动。是由文化部、外交部、国家新闻出版广电总局等部门共同组织开展的。2013年首届中阿丝绸之路文化之旅活动在北京启动，参与活动的就有22个阿拉伯国家的几十个城市。活动内容丰富，包括新闻出版、广播电视、文物、非遗、社会科学等多个领域的文化资源，涵盖电影电视展映、动漫展映、中国电影周等不同活动。①"中阿丝绸之路文化之旅活动还被写进《计划》的'一带一路'文化交流品牌建设中。预计到2020年，实现与'一带一路'沿线国家和地区文化交流规模达到3万人次、1000家中外文化机构、200名专家和100项大型文化年（节、季、周、日）活动。"②

"丝绸之路文化使者"计划内容是开展"一带一路"沿线国家和地区的智库交流与合作。其中的"丝绸之路"留学推进计划为民心相通培育使者，截至2016年底，20多万名"一带一路"沿线国家学生在华留学。在文化交流与沟通中，广播影视占有重要地位，中国的影视精品在中国与"一带一路"沿线国家之间架起沟通桥梁。近年来，中国与沿线15个国家签订了电影合拍协议，与一些国家签订了电视合拍协议，影视剧的译制工作也不断在加强，力求使用对象国观众熟悉的语言和喜爱的演员完成影视作品的配音工作。③

"丝绸之路影视桥工程"于2014年3月启动，旨在深入贯彻落实中央"一带一路"建设的重大倡议，发挥广播影视对外传播和人文交流优势，加

---

① 中国经济网，http://www.ce.cn/culture/gd/201305/14/t20130514_24380775.shtml。
② 中国一带一路网，https://www.yidaiyilu.gov.cn/zchj/qwfb/8917.htm。
③ 《"丝绸之路"留学推进计划为民心相通培育使者》，http://www.stdaily.com/index/ziben/2017-05/12/content_543051.shtml。

快推进与丝绸之路国家广播影视交流合作,并不断推出一批"一带一路"题材的电影、电视剧、纪录片。

"丝绸之路文化使者"计划及其中的留学推进计划是面向国外培养相关文化交流合作人才和智库建设。而对内,我国除了深耕中阿丝绸之路文化之旅活动的形式和内容以外,也应关注国内人才的培养,如阿拉伯语言文化、跨文化交际、广播影视传媒专业等方面的人才,人才储备同时还应兼顾层次,如国内的高级智库建设。有了人才的保证,中阿广播影视文化交流合作才能长期持续地发展。

2. 各种合作交流机制日益走向正轨化、规范化

2017年文化交流与合作在《计划》指导下,在机制体制上不断得到整合,不断发挥着其强大的约束和持续发展的作用。与阿拉伯国家签订的各项合作协定、年度执行计划、谅解备忘录等政府文件将得到贯彻落实。广播影视领域的丝绸之路国际剧院联盟、丝路电视国际合作共同体等交流合作机制使中国各大城市与"一带一路"沿线国家大城市之间建立起城际文化交流合作机制,这必将推进我国与阿拉伯国家之间更深、更广的广播影视合作。

各种交流合作机制的整合统一就是我们国内优势资源的整合,《计划》的发布和实施有利于优势资源充分发挥作用,更有利于中阿广播影视交流合作的可持续性发展,更有利于相关合作项目的落实。毕竟以往存在各自为政的现象,有些方面缺乏全国整体布局的科学性。如果过于重视并依赖某一地方省份的特色,有可能造成对内对外都看不到最优势的资源,从而降低合作交流的整个质量和效果的局面。今后对内对外均衡与合理布局应该得到更多的关注。

3. 更加注重建立和完善海外中国文化中心,使其充分发挥作用

在"一带一路"倡议实施过程中,海外中国文化中心在"民心相通"方面发挥着重要作用。"目前我国在海外已建立30个中国文化中心,一带一路国家达到11个,计划到2020年达到50个以上"。[①]

---

① 中国文化报,http://epaper.ccdy.cn:8888/html/2017-02/25/content_197142.htm。

2017年海外中国文化中心在文化交流合作方面的桥梁和窗口作用更加凸显。各中心不断探索新的交流合作与发展模式。

"2017年,'一带一路'国际合作高峰论坛在北京举办期间,中国与突尼斯、土耳其、阿根廷三国签署了互设文化中心的协议。2017年是开罗中国文化中心成立15周年,文化中心建成15年来,扎根当地,构建文化交往平台,培养、结交了一大批热爱中华文化的埃及各界友人,为中埃文化交流、民心互通做出了卓越贡献。"[①]

海外中国文化中心最大的特点就是常驻海外,除了数量、质量的双提高,更重要的是与当地广播影视传媒的融合,在融合中找文化的共通点,充分发挥广播影视传媒在听觉视觉上的效果。可以借鉴比较成功的他国经验,积极与当地政府、企业、学校合作,争取长期可持续的项目。使得海外中国文化中心"常驻海外"的特点得以发挥。

4. 更加注重交流合作平台的建设

平台建设是《计划》重要内容之一,无论中央还是地方,无论政府还是民间,项目的进行均需借助相关的交流合作平台。2017年文化交流与合作在《计划》指导下,不断完善已有交流合作平台,精心搭建以"一带一路"为主题的各类国际艺术节、博览会等交流合作平台,中阿广播影视交流与合作作为其中一个重要组成部分也借此东风,得以不断发展。2017年6月17日拉开帷幕的第20届上海国际电影节、2017年9月7日举办的"丝绸之路国际艺术节""海上丝绸之路国际艺术节"、2017年9月20日举办的丝绸之路(敦煌)国际文化博览会,都为推动中阿广播影视领域的交流与合作提供了平台,今后这几大平台还将继续完善,持续发挥其作用。

5. 更加重视影视文化产业发展和繁荣

(1) 深圳文博会。

"深圳文博会是目前我国唯一一个国家级、国际化、综合性文化产业博

[①] 《构建新时代中国文化海外传播网络——2017年海外中国文化中心亮点回眸》,中国文化报,http://epaper.ccdy.cn:8888/html/2018-01/08/content_220389.htm。

览交易会。深圳文博会自2004年创办以来,品牌影响力越来越广泛,国内外客商参展热情越来越高,展出精品越来越多,成交金额越来越大,对推动文化大发展大繁荣的作用更加凸显,已经成为展示文化改革发展成果、促进中外文化交流合作的亮丽名片。"[1] 2017年5月,第十三届深圳文博会继续召开,持续发挥其在加快和繁荣文化产业、提升中华文化影响力方面的作用。

作为深圳文博会"一带一路"配套活动的2017"一带一路"文化发展高峰论坛,也把传媒视角列为主要内容之一。

(2)中国(广州)国际演艺交易会暨丝绸之路国际剧院联盟年会。

2017年底由文化部主办的2017中国(广州)国际演艺交易会暨丝绸之路国际剧院联盟年会在广州举办开闭幕式。本届演交会与丝绸之路国际剧院联盟年会的有机结合,是在探索国际文化交流、合作、贸易方面的大胆尝试,在文化领域进一步倡导开放与合作,努力推动广州演交会和丝绸之路国际剧院联盟两大演艺平台实现跨越式发展。[2]

除了政府组织的各级各类博览会和年会以外,民营企业在中阿广播影视文化产业的发展和繁荣中也一直发挥巨大的作用。政府和民间在该领域的优势互补和共享亦是今后更值得总结和探讨的问题。

---

[1] https://baike.so.com/doc/9911603-10258863.html。
[2] 程佳:《共建舞台 互联互通——记2017中国(广州)国际演艺交易会暨丝绸之路国际剧院联盟年会》,中国文化报,http://epaper.ccdy.cn:8888/html/2018-01/03/content_220089.htm。

中阿体育文化交流报告

朱睿[*]

摘　要： 中国与阿拉伯国家的体育文化交流是中国与阿拉伯命运共同体构建的重要组成部分。本文以2017年中国与阿拉伯国家体育文化交流的现状为研究对象，认为中阿体育文化交流出现了三个特点，即优势项目的交流更凸显双边性、中国武术在阿拉伯国家的探索与改革并行，以及体育援助形式和内容均有重大变革。本文分析了中阿体育文化交流中存在的问题：交流未能涉及所有的阿拉伯国家。本文提出了解决这些问题的两个对策：扩大交流的方式、渠道，从而为中国与阿拉伯国家未来的体育文化交流思路、趋势提供预判和参考依据。

关键词： 中国与阿拉伯国家　体育文化交流　双边性　扩大交流

一　趋势

（一）优势项目的交流更凸显双边性

传统意义上的中国与阿拉伯国家的体育文化交流，无论在领导互访还是在产业输入输出的比例上，中国都更具有主导性。

以往和现在，阿拉伯国家在马术产业上较之中国有着无可争辩的领先优

---

[*] 朱睿，硕士，中国矿业大学银川学院人文社会科学院讲师。主要研究方向为应用语言学。

势。因此,迪拜等阿拉伯国家中具有国际领先马术优势的城市不断地帮助中国发展马术产业,使中国马术运动的竞技水平、产业布局得以提升。从马术交流的方向来看,阿拉伯国家对中国的输出是绝对性的,且越来越多。总体上打破了以往中国与阿拉伯国家体育文化交流中,中国输出多的一边倒局面。

1. 中国马术国际地位的提升

整体而言,在2016年之前,中国马术的技术水平、训练水平、大赛经验都在世界马术界不占有优势。马术三星及以上级别的赛事大多在欧美或海湾国家举行;加之检疫隔离的制度限制,中国马匹、骑手很少能去国外进行高水平的比赛,即使参加比赛,也是外卡身份,有着重重不便。只有奥运会预选赛上,中国选手才有机会不通过外卡参加比赛。但是,经过多年的努力,如中国马术界不断地引进国际一流马术比赛赛场的建设经验,以及骑手、马术训练技术,引入国际一流比赛的赛制、运营流程、奖金及商业赞助模式,加上多个中国城市与迪拜签署的马术相关帮扶协议的积极推进,中国马术具备了更多的冲击高水平国际性马术赛事的经验。中国马术项目在2017年经过产业布局调整、改革,已经初步具备了举办国际性赛事的条件,而且在马术产业发展过程中,特别是俱乐部数量、质量两个方面都有显著提升。

表1 中国马术俱乐部数量

单位:家

2016年	906(2016年10月之前)
2017年	1452

资料来源:《2017中国马术市场发展状况报告》。

根据《2017中国马术市场发展状况报告》的不完全统计,2016年10月之前的中国马术俱乐部总数为906家。在2017年,统计得到的中国马术俱乐部数量已经上升到了1452家。

数量上,中国马术俱乐部飞速增加;规模和层次上,也比往年有明显提升。2017年9月之前的新开俱乐部占12%,占地50~100亩的俱乐部占54%。

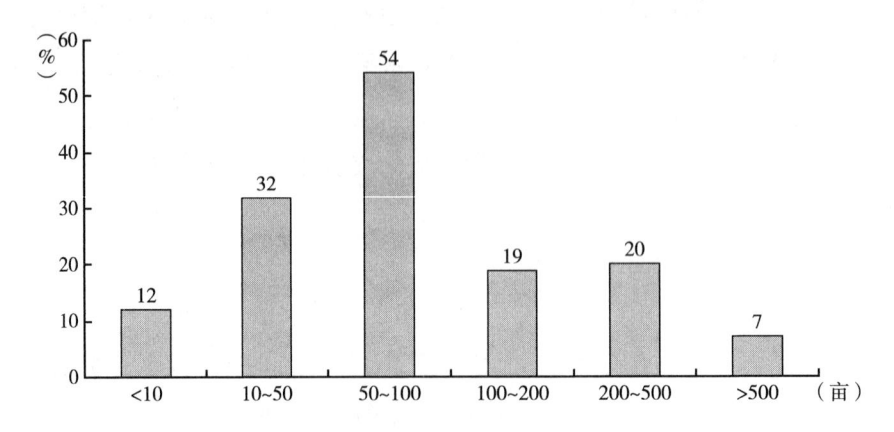

图1　中国马术俱乐部规模

资料来源：《2017中国马术市场发展状况报告》。

2017年，平均每家中国大陆地区的马术俱乐部拥有会员670人。2017年，中国大陆地区的马术俱乐部在册会员总数达972840人。

2017年，中国大陆地区的马术俱乐部从硬件质量上有所提升，室内场地和纤维沙场地逐步成了大陆地区马术俱乐部的基本配置。此外，中国大陆的马术俱乐部在软件上也有了显著提升。2017年中国大陆新增的马术俱乐部中，35%的马术俱乐部拥有驻场兽医。

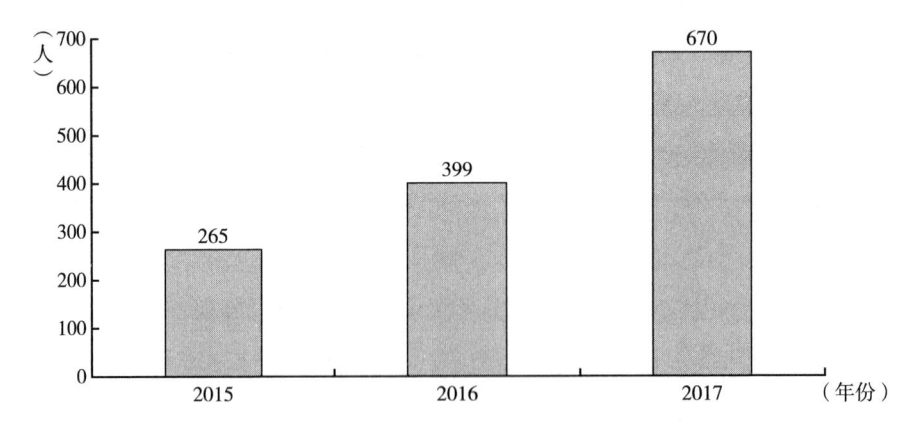

图2　2015~2017年俱乐部的会员平均数变化

资料来源：《2017中国马术市场发展状况报告》。

中国马术协会发布 2017 年国家级别以上赛事及马术节活动近 70 场；国际马联赛事 12 场（1 场国际马联评级五星赛事，3 场国际马联评级三星赛事，8 场国际马联评级二星赛事）

表 2　2017 年在中国举办的国际马联星级马术比赛

年份	赛事名称
2016	1. 第三届成都·迪拜国际杯——温江·迈丹赛马经典赛 2. 2016 上海浪琴环球马术冠军赛 3. 2016 北京浪琴环球马术大师赛 4. 2016 浪琴表中国马术巡回赛（北京） 5. 2016 浪琴表中国马术巡回赛（上海） 6. 2016 浪琴表中国马术巡回赛（大连） 7. 2016 浪琴表中国马术巡回赛（广州）
2017	1. 第四届成都·迪拜国际杯——温江·迈丹赛马经典赛 2. 2017 上海浪琴环球马术冠军赛 3. 2017 北京浪琴环球马术大师赛 4. 2017 浪琴表国际马联（FEI）场地障碍世界杯中国联赛·总决赛 5. 2017 年天星调良国际马场场地障碍公开赛 6. 2017 浪琴表中国马术巡回赛（大连） 7. 2017 浪琴表中国马术巡回赛（天津） 8. 2017 浪琴表中国马术巡回赛（北京） 9. 2017 浪琴表中国马术巡回赛（广州） 10. 2017 年国际马联青少年场地障碍赛 11. 2017 砀山国际马术耐力赛 12. 以纯 2017 金伯乐国际马术大奖赛

资料来源：中国马术协会官网。

此外，中国马术运动在组织承办的国际级别的比赛数量上，有 42.9% 的增长率（从 7 场增加到 10 场）。

中国马术骑手、赛马参赛的规模水平上，在整体上也有了质的飞跃。中国马术的参赛马主、马匹、骑手，已经不再局限于成都温江·迪拜经典赛这类极少数的三星级比赛，浪琴系列赛级别的五星级赛事也多有涉猎。而且，2017 年，中国马术的参赛马主、马匹、骑手已不再局限于中国国内举办的国际比赛，在迪拜世界杯这样国际级一级赛的比赛现场，也首次有了中国国内的马匹、骑手的身影。中国马术界举办的国际赛事有了数量、质量的很大突破。首个国际马联评级二星级的耐力赛——2017砀山国际马术耐力赛也顺利开赛。

具体来说，中国马术在2017年呈现的发展趋势，有三个方面。

(1) 参与、举办的国际级别赛事层次大为提升

2017年之前，中国内地马匹、骑手从未参加过迪拜世界杯这样国际级的一级赛（国际马联评级五星）。2017年3月25日，首位中国内地马主赛驹——中国内地马主张月胜旗下的"玉龙公子"参加了迪拜世界杯马术比赛。

2017年10月6日，马术耐力赛"2017砀山国际马术耐力赛"也顺利开赛。这是中国马术有史以来举办的规格最高、国际化程度最高的耐力赛。参赛的百余名运动员来自十几个不同的国家。大赛进行FEI（40公里）、FEI（80公里）耐力赛初级达标，FEI一星级（80公里）、二星级（120公里）耐力赛；其中FEI二星级耐力赛首次在中国境内举行，也是国内最高级别的一次国际马术耐力赛。①

2017年，中国大陆地区承办国际大赛最多的马术俱乐部——天星调良国际马术俱乐部承担了部分英国马会的马术系列教材协助工作，这在中国马术史上，是零的突破。天星调良国际马术俱乐部还组织并承办了"2017年天星调良国际马术场地障碍公开赛"（国际马联评级二星）、"2017浪琴表中国马术巡回赛（北京站）"，以及"2017国际马联儿童国际经典赛总决赛"，这是国际马联儿童赛事的总决赛主办权首次落户中国大陆，同样也是中国马术史上零的突破。

国际马联荣誉官员、亚洲马术联合会荣誉副主席何乃裕先生赛前表示，此次国际马联（FEI）青少年场地障碍赛落户中国，不仅能够促成中国青少年骑手与马术发达国家的小骑手们同场竞技、交流学习，更有利于国内骑手探索国外马术的训练方法，为中国马术运动培养后备力量。"中国马术运动

---

① 《安徽砀山国际马术耐力赛将于10月开赛》，人民网，http://ah.people.com.cn/n2/2017/0920/c358266-30757461.html，2017年9月20日。

环境已日趋成熟,一方面国内俱乐部能为各国骑手提供高级别马匹,另一方面赛事运营方华夏新国际体育娱乐(北京)有限公司在赛事筹备和举办的各个环节上也能够做到与国际赛事水平接轨。"①

2017年4月2日,第四届成都·迪拜国际杯——温江·迈丹赛马经典赛,在成都市温江区金马国际马术体育公园开赛。中国95后骑手王文旭获得首场比赛冠军。比赛分为温江速度赛、迈丹让步赛、广厦让步赛、浪琴成都迪拜国际杯赛和温江·迈丹经典赛五场比赛,中国骑手首次参加此项比赛。9位外国骑师和5位中国骑师同场竞技。13:25,第一场比赛1400米"温江速度赛"共有10名骑手与各自的赛马展开角逐,其中4名中国骑师参加。最终,中国95后骑手王文旭以1分25秒20的成绩获得第一名。②

2017年2月9日,2017世界阿拉伯马协会第24次会员代表大会在巴林麦纳麦举行。中国马会首次代表中国参会,并做主题发言。世界阿拉伯马协会成立于1970年,是经过注册的国际性非营利慈善机构,目前有82个国家成为登记授权会员国,18个准会员国。中国马会自2016年2月1日起正式启动加入世界阿拉伯马协会(WAHO)的申请程序。同年3月,中国马会收到来自世界阿拉伯马协会会员代表大会的邀请函。这是中国阿拉伯马事业发展的又一新起点。中国马会代表作主题发言《阿拉伯马的中国故事》,介绍阿拉伯马在中国的历史背景及相关信息。这是首次对中国阿拉伯马的发展脉络进行全面梳理,并将中国阿拉伯马发展情况向全世界进行推介。③

(2)中阿马术文化交流推动中国马术产、学、研发展

中国马术界的骑手、马匹之前大多在马术传统大国荷兰、英国等地进行培训和学习,但是成本高、平台门槛难入、学习受限、障碍众多。多年来,在迪拜对中国马术的支持、帮扶下,中国马术也告别了边学边发展,摸着石

---

① 《2017国际马联青少年场地障碍赛中国站完美收官》,《青少年体育》2017年10月25日。
② 《中国95后骑手获得2017成都迪拜杯赛马首场比赛冠军》,东方网,http://news.eastday.com/eastday/13news/auto/news/china/20170402/u7ai6657187.html,2017年4月2日。
③ 《重磅!中国将首次出席阿拉伯马协会会员代表大会》,新浪网,http://sports.sina.com.cn/o/e/2017-02-09/doc-ifyameqr7372522.shtml,2017年2月9日。

头过河的阶段,达到了如今遍地开花的产、学、研综合发展的水平。

阿拉伯联合酋长国副总统、首相、迪拜酋长谢赫·默哈默德·本·拉希德·阿拉·马克图姆成立的在全球范围内进行纯种马养殖和赛马项目的公司达利集团,开设了针对中国大学毕业生的迪拜国际纯血马管理实习生项目(Dubai International Thoroughbred Internships,DITI)。该项目旨在促进中国大学生对纯种马养殖的认识并积极参与国际交流项目。迪拜国际纯血马管理实习生项目由达利集团旗下达利马场管理公司(Darley Stud Management Company Limited)全额资助,为期12个月。在一年的实习期内,实习生根据分配,到达利集团在英国、爱尔兰、法国、澳大利亚、美国或日本的养马场接受培训,获得相关实践经历。项目采用全英语授课,实习生将接受多学科的专业训练,包括饲养马匹的规程、农业耕作、兽医、市场营销、种马配种销售、财务、人力资源管理以及商业行政管理等。① 该项目自2012年开设以来,从第一批结业人数15人,发展到第二批22人、第三批25人。② 至今人数仍然在增加,且报名人数累计超过1万人。

2008年,武汉商学院成为全国第一个培养赛马人才的高等学校。武汉商学院先后组建了赛马研究院和国际马术学院。截至2017年底,武汉商学院成功培养出7名冠军骑师(国际、全国均有),培养出超过1000名马产业各类专业技术和管理人才,并注重马术科研成果。该校相继成立了武汉地区乃至全国赛马业人才培养基地和产、学、教、研基地。其体育学院下设的国际马术学院成为2016年湖北省高校改革试点学院之一。这填补了我国高校马术人才培养的空白,实现了学院学科优势与社会资源合作办学的互补。该校不仅出版《现代赛马运动》等马术相关教材、专著共计6种,而且获得省级教学成果奖两项。武汉商学院2017年累计培养体育产业专业人才千余人,其中包括湖北首位女大学生骑师舒兰,我国首位世界赛大学生冠军骑

---

① 《迪拜国际纯血马管理实习生项目(DITI)介绍》,http://edu.163.com/12/0412/17/7UTI8SRO00294IJJ.html,2012年4月12日。
② 《留英访谈:迪拜国际纯血马实习生项目》,http://www.chinadaily.com.cn/interface/toutiao/1139302/2015-5-6/cd_20633078.html,2015年5月6日。

师秦勇。2017年2月，武汉商学院与法国马术协会签署《共建"中法国际马术学院"合作协议》，开启了中法之间的马业高等教育合作。武汉商学院不断深化"校企、校政"战略合作，精细化创新"校企、校政"合作机制，实行"全程双师制"，与东方马城等知名企业建立长效产学研合作机制。在2017年7月6日，英国皇室安妮公主首次访问武汉，武汉商学院凭借鲜明的马术学科专业特色"名片"，成为安妮公主唯一到访的高校。安妮公主出席了在该校举行的中英马术运动发展战略合作签约仪式，该校与英国马会当场签订了合作备忘录。约定双方将建立中英国际马术教育、考试机构。[1]

武汉商学院在马术产业、学科、研究上做出的成绩，显示了中国高校主动对接国家马术运动发展需要，对接社会对体育文化的发展需求。武汉商学院还将引进英国马会从业人员培养体系、高水平师资和行业资源，推动武汉马产业的国际化发展。这也是我国高校马术专业化发展的有益探索。

（3）国内优质比赛用马的繁育得到推动

2017年1月，山西玉龙马业用爱尔兰包机将76匹从爱尔兰高夫斯拍卖会上拍到的纯血马运至北京。

2017年3月，澳大利亚拍出总价近200万元的两匹"玉龙烙号"的赛驹落户玉龙马业。

2017年6月，玉龙马业再次从澳大利亚购得81匹纯血赛马，抵达山西太原武宿国际机场。这是山西玉龙马业首架从澳大利亚直飞中国的运马包机。

换言之，在2017年，中国国内的优质比赛用马匹随着层层限制关卡的突破，在玉龙马业等行业领先企业的推动下，已经实现了量的突破。随着进一步的马匹繁育，优质马匹也已得到很好的繁育。

可以说，中国马术在2017年，经过系统地从迪拜"取经"，已经初步具有了统一的行业规划，个别俱乐部的示范引领作用也进一步提升；此外，随着技术的引进，迪拜的"输入"也推进中国良种马匹繁育工作的飞跃。

---

[1] 郎贤梅等：《"活"起来的历史"火"起来的故事——藏在武汉商学院里的那些博物馆》，《湖北画报（上旬）》2018年第2期。

同时，中国马术的消费市场、产业层次均有明显提升；产业链也得以完善。通过迪拜提供的学习、培训机会，中国马术运动人才队伍也有了人数的充实、质量的进步。迪拜在这些发展和进步中，发挥了不可替代的作用。

2. 乒乓球运动在阿拉伯国家的进一步推广

2012年，中国乒乓球队在伦敦奥运会上包揽了全部项目金牌后，又被提名为劳伦斯"最佳团队奖"。一系列不俗的成就引来了中东发达城市迪拜的目光。最终迪拜与中国国家乒乓球队达成了球衣赞助协议。迪拜体育管理部门期盼中国乒乓球队能够帮助迪拜所在国家的乒乓球运动发展，中国也希望能够借此机会推动乒乓球运动的普及。

（1）迪拜对中国乒乓球的赞助

2017年，是迪拜与中国国家乒乓球队签署的赞助合约的最后一年。合约规定了双方的权利和义务。合约规定赞助期内"迪拜"的标志要出现在中国国家乒乓球队的运动服上。运动服包括中国男子、女子以及青少年队参加国内及国际赛事的所有服装。赞助期内的中国国家乒乓球队参赛、出场、出席活动，提升了"迪拜"城市"品牌"在世界范围内的曝光度。

迪拜体育局秘书长艾哈迈德-谢里夫表示："体育运动具有打破国界的特殊力量，因此凭借这项赞助我们进一步拉近了中国人民同迪拜人民的联系，推动了双边关系深入发展，为中东的乒乓球发展做出了贡献，并发起了一项平民运动来鼓励更多的迪拜人参与到乒乓球运动中。"[①]

（2）中国乒乓球在迪拜的宣传对乒乓球运动的推广

虽然多年来国际乒联不断修改规则，但是中国乒乓球运动在世界竞技赛场上的绝对霸主地位没有被动摇，中国乒乓球在阿拉伯国家的推广、发展也没有被限制。长远来看，乒乓球运动在全世界范围内的普及、发展，是无法通过限制中国乒乓球运动的发展来实现的。相反，中国乒乓球界对于这项运动的推广和普及，承担了重要的责任，付出了巨大的努力。乒乓球是中国的

---

① 《迪拜赞助中国乒协续约至2017年》，http://sports.people.com.cn/n/2014/0423/c22162-24934811.html，2017年4月23日。

"国球",也是特色优势体育项目。中国国家乒乓球队是世界体育史上第一支接纳一个城市作为赞助商的国家运动队。而迪拜这座城市则选择了中国最流行的运动——乒乓球作为宣传载体,开拓中国市场。

近几年,各类世界大赛云集迪拜。起初,在迪拜举行的体育赛事集中在西方人酷爱的高尔夫、赛马、帆船、足球和网球等高度职业化赛事。2013年以后,乒乓球、羽毛球等室内进行的平民运动项目也落户迪拜。据迪拜体育局秘书长艾哈迈德-谢里夫介绍,像乒乓球这样的室内运动在迪拜的普及速度很快,这也与当地气候炎热、室内体育运动更容易吸引大众参与有关。推动乒乓球运动的普及和推广,正是2012年伦敦奥运会后中国乒乓球队提出的"第三次创业"的主旨。

2017年,中国乒乓球队主力队员已经至少两次到迪拜参加乒乓球的推广活动。作为双方合作的一部分,供市民使用的大量免费乒乓球球台被安装在迪拜的公园、社区和学校。而当地人也将荧光技术应用在乒乓球运动中,发明了更富观赏性的荧光乒乓球,中国队李晓霞和马龙等主力队员都对这种时尚的荧光乒乓球赞不绝口。

援助乒乓球器材、开展乒乓球业余活动、为其他协会培养优秀运动员,这些还只是中国乒乓球队"第三次创业"的一部分。中国乒乓球队不仅努力打造具有国际影响力的球星,而且在迪拜开启"第三次创业"拓展海外市场成功之后,还计划与欧洲乒联合作建立欧洲乒乓球学院,并稳步推行和实施"走进非洲"计划。①

(二)探索与改革并行——中国武术在阿拉伯国家的更深入传播

中国与阿拉伯国家2017年进行的体育文化交流总体而言成果丰富、效果显著。中国武术在阿拉伯世界的传播,是通过官方推进、民间助力的双规机制进行的。一直以来官方为主,民间为辅。官方的传播途径主要是在阿拉

---

① 《中国乒乓球已不满足于自家繁荣》,http://zqb.cyol.com/html/2014-04/24/nw.D110000zgqnb_20140424_1-05.htm,2014年4月24日。

伯各国设立的中国文化中心和孔子学院。民间传播集中为阿拉伯各国的民间武术俱乐部。2017年仅在埃及首都开罗，民间就有47家俱乐部开设武术课程，约有12000名习武爱好者；在全埃及，至少有15万人在学习中国武术。

1. 重要传播途径——孔子学院

孔子学院依靠政府资金、政府传播网络进行中国文化的传播。根据《孔子学院发展规划（2012—2020年）》，孔子学院的发展格局为：统筹规划、合理布局，进一步形成多层次、多样化、广覆盖。主要任务是：因地制宜、分类指导。多数孔子学院以汉语教学为主要任务，努力成为所在国的汉语教学中心、本土汉语师资培训中心和汉语水平考试认证中心；支持有条件的孔子学院开展高级汉语教学和当代中国研究，成为深入理解中国的重要学术平台；适应学员多样化需求，鼓励兴办以商务、中医、武术、烹饪、艺术、旅游等教学为主要特色的孔子学院，并帮助学生既学习汉语言文化又提高职业技能。[①]

武术在各国孔子学院的传播形式、规模都较为固定。主要通过以下几种形式：开设专门的武术课、举办武术讲座、进行武术表演、在夏令营中开展武术学习活动。全球孔子学院（课堂）中，约有三分之一开设了武术课，教授内容主要为太极、长拳、功夫扇。

2017年，阿拉伯各国孔子学院武术教学规模不断扩大，课程不断完善。综合来看，武术在孔子学院传播较为迅速而稳定。

2. 重要的改革

（1）中国武术课程、教学的改革

2017年之前，中国武术的课堂教学主要集中在孔子学院开设的中国武术课。然而，课程由于地点内容的局限性，不能全方位展示中国武术的精髓和文化内涵。因此，2017年，阿拉伯各国的孔子学院中，中国武术课程进行了课程改革。主要改革体现在教学式课堂改为体验课堂。

[①] 《孔子学院发展规划（2012—2020年）》，http://epaper.gmw.cn/gmrb/html/2013-02/28/nw.D110000gmrb_20130228_1-07.htm，2013年2月28日。

在体验教学成为当前教育教学改革的主流方向的背景下，孔子学院武术课教学提出了"体验课程"的教学模式。鉴于武术"体验课堂"应以传播文化为重点，提高武术文化的体验性，孔子学院的武术课程教学采用了情绪性原则引领入门、认知性原则掌握武艺、文化性原则彰显武德的创建原则。孔子学院开设的中国武术课在具体的实践教学过程中，结合实际教学经验运用了新授课以引起兴趣的过程参与体验为主、家庭作业以主动解决疑惑的知识探索体验为主、复习课以建立和巩固知识体系的审美体验为主、教学评价以学生展示学习成果的成就体验为主、教学过程以师生互动的感情交流体验为主的操作依据。为全球孔子学院武术教学提供借鉴和启示，为中国武术所承载的文化在阿拉伯国家的传播添砖加瓦。①

（2）传播形式多样化改革

中国武术在以前的传播集中于通过官方推进、民间助力的双规机制进行。官方的传播途径集中为阿拉伯各国设立的中国文化中心和孔子学院。民间传播集中为阿拉伯各国的民间武术俱乐部。但传播形式都是授课。

2017年起，武术巡演的增加使中国武术传播效果得以改善。武术巡演项目的任务、节目内容选择与编排、节目时长的安排、节目翻译的创编、协作与交流体现了节目创编特征：在序中阐释武、在编中秉承武、在演中反映武。经过武术项目巡演，中国与阿拉伯国家之间的武术交流拓展对外武术项目可以创编出主题鲜明、具有中国文化特色的武术剧目；不断创新表演的形式可以结合舞蹈、音乐等多方面中国元素；表演也可以提升演员的武术技艺、展现民族精神、提高团队协作能力，承担文化传播使命。②

（三）体育援助形式和内容的重大变革

中国体育对外援助是国际援助体系的重要力量，是中华民族优秀传统文

---

① 陈双：《孔子学院武术"体验课堂"的创建原则与实践操作》，《河北体育学院学报》2017年第2期。
② 丁传伟、张宁、梅汉超：《论"文化走出去"的重要途径：以孔子学院武术项目巡演为例》，《首都体育学院学报》2017年第5期。

化的表现形式,在发展变化中展现出不同的主导方式,在曲折前行中体现出阶段特点。中国体育对阿拉伯国家的援助根据财政条件差异与资源流动方向的不同,可分为无偿体育对外援助和体育对外援助合作两种方式。中国体育对外援助经历了无偿体育援外方式主导时期、从无偿到合作的转折时期、体育援外合作方式主导时期。①

2017年,因特殊条件的制约,无偿对外体育援助局限性突出,一方面经济成本高,另一方面长效性不显著且缺乏可持续性。但中国的无偿对外体育援助事实上减轻了被援助国家体育投入的财政支出负担。合作与发展的援助模式又增加了被援助国家的外汇收入,实现了体育发展利益的长足、可持续性改变。中国体育的对外援助方式发生主导性转变,从无偿主导、合作辅助转为合作主导、无偿辅助。

二 存在问题

阿拉伯联盟共有22个成员国,其中最早与中国建交的是埃及;两国建交日期是1956年5月30日,最后一个与中国建交的是沙特阿拉伯,两国建交日期是1990年7月21日。中东和北非地区的阿拉伯国家人口众多、经济发展水平较高,且人口比较集中。埃及、摩洛哥、阿联酋等国的经济发展水平较高,与其进行体育文化交流的平台成熟、条件便利。沙特阿拉伯和阿联酋等高消费石油经济主导的国家国内民众生产生活的消费品80%以上都需要进口。因此,中国体育行业特别是体育制造业若能看到这一地区的潜能,大力拓展这一地区的中国产品市场,将会是很大的商机所在。同样,撒哈拉以南的非洲有许多阿拉伯国家,这些国家人口众多但经济发展不足,体育运动普及程度低、体育产品购买力更加不足。中国与这一区域的阿拉伯国家缺乏对等的、有效的体育文化交流。

因此中国并没有实现与所有的阿拉伯国家进行体育文化交流的范围全覆盖。

---

① 俞大伟:《中国体育对外援助主体的发展策略研究》,《体育文化导刊》2016年第12期。

三 对策建议

　　海湾国家经济发达，与中国贸易往来频繁，已经形成了战略合作的经贸往来关系。以往的体育文化交流往往紧跟国家海外投资步伐，将交流的重点放在与中国经济往来密切的沙特、阿联酋、伊拉克、埃及等国。中国与阿拉伯国家之间的资本流向影响了中国与阿拉伯国家体育文化交流的比重划分。中国外交政策原则是相互尊重、主权平等，以及互利合作、共同发展。因此，尽管撒哈拉以南的非洲阿拉伯国家经济普遍欠发达，体育运动普及程度低、体育产品购买力有限，但中国政府尊重阿拉伯国家，也愿意帮助体育发展并不理想的阿拉伯国家发展体育。中国对阿尔及利亚等国在体育等方面的无偿援助，已经多年坚持不懈。除无偿援助的体育交流形式以外，进行体育人才、技术战术的帮扶与合作，让中国与更多阿拉伯国家之间的体育文化交流范围不局限于无偿器械、服装等的援助，而是发展成为人才、技术共享共建的命运共同体。

中阿旅游文化交流报告

周今由*

摘　要： 自"一带一路"倡议提出后，中国与阿拉伯国家在旅游文化交流合作方面做了很多卓有实效的工作。2017年中阿双方在旅游文化交流方面进一步推动合作，例如官方合作交流和民间合作交流进一步深耕细作、产业内容更加多元、人文领域合作成果丰硕等。另外，本文分析了推动中阿旅游文化交流合作发展的原因，进而提出几点关于进一步推动中阿旅游文化交流发展的建议。

关键词： 一带一路　阿拉伯国家　中阿旅游文化交流

一　引言

"一带一路"倡议自2013年提出以来，中国与阿拉伯国家致力于构建利益共同体、命运共同体的美好愿景，进一步加强经济、文化、教育、旅游等方面的合作，推动人类文明进步。

在"一带一路"新形势下，中阿双方2017年在旅游文化交流方面的表现特征是什么？是什么原因推动了中阿双方在旅游文化领域的深度合作？中阿在该领域还存在哪些需要改进的地方？本文主要围绕中阿旅游文化交流2017年的表现特征展开分析，并对推动中阿旅游文化交流合作发展的原因进行分析，之后提出推进中阿旅游文化交流的建议。

---

* 周今由，北京师范大学在读博士生。研究方向为系统功能语言学、评价系统、多元识读。

二　中阿旅游文化交流表现特征分析

2017年中阿旅游文化交流都进行了什么活动，这些活动的交流主体是什么？中阿旅游文化交流的产业内容和模式又是什么？中阿在旅游文化交流层面存在什么心理障碍和利好的物质基础？本节主要围绕这三个问题展开讨论。

（一）中阿旅游文化交流主体

从交流主体来看，中阿旅游文化交流依然是以官方讨论合作的形式为主体，民间交流呈现上升趋势。

2017年9月，在宁夏召开的2017中国－阿拉伯国家博览会中的一个环节就是围绕旅游合作组织相关展览和会议活动，主宾国（埃及）举行了旅游资源推介会。同期举行的2017年中阿旅行商大会是宁夏举办的第二届中阿旅行商大会，会议邀请了阿联酋和埃及等21个国家的旅行商代表，签订了34项旅游合作协议，加上第一届大会签订的旅游合作协议共达71项；200人参与大会，参与商会来自约20个国家。大会包含六大板块内容，其中旅游合作主旨交流、项目洽谈、项目签约等成为参与各国商会积极商讨的议题；借助"一带一路"布局，本次大会为丝绸之路沿线国家的旅游开发与合作打下了坚实的基础，进一步拓宽了入境旅游渠道，积极推动了丝绸之路沿线产品的进一步推广与销售。

2017年8月，中国成都举办了中阿关系暨中阿文明对话研讨会，成都市积极发展与阿联酋迪拜市的友好关系，四川航空还开通了每周3次直飞迪拜的航线，双方资源共享，联合营销，在各自的航线上宣传对方的旅游资源信息，为拓宽旅游市场吸引了客源，为旅游营销提供了支持。2018年5月，中国与阿联酋签署参展2020年迪拜世博会的协议，迪拜世博会预计接待游客2500万人。

在不断加强与"一带一路"沿线国家和地区的务实合作上，中阿都在为扩大自身旅游市场做出努力,其合作方式依然是通过官方牵头、大会商讨的渠道推动中阿旅游文化产业的发展。

此外,还有一些来自民间的旅行数据足以表明中阿旅游的高速发展。根据埃及旅游行业统计[①],2017年到访埃及的中国游客为15.9万人次,与上年相比激增了113%,全年可吸引超过30万中国游客;根据百度百家号统计数据[②],2017年到访迪拜的中国游客达到76.4万人次,涨幅高达41%,双方努力在深度和广度上满足游客的需求,如酒店数量和服务质量、餐饮和娱乐场所、乐园和度假村等。2017年,阿联酋成为在中东国家中第一个持有普通护照公民来华免签的国家。

根据携程网的统计[③],部分阿拉伯国家在2017年成为吸引中国游客的"黑马"目的地,分别是摩洛哥、突尼斯、阿联酋等。2017年摩洛哥和突尼斯对中国游客实施免签政策以来,中国到摩洛哥的游客同比增长了5倍多,中国到突尼斯的游客增长超过150%,全年约1.8万人次。

在此,我们可以断定,中阿在宏观上为中阿旅游贸易规划蓝图,但这种交流是官方主导的,同时出境旅行的个体或团体数量明显上升,预计到中东出行的游客数量将持续增长。

(二)中阿旅游文化交流产业

从产业内容来看,中阿旅游文化产业已经变为多元的、跨行业的商业模式,同时,传统旅游业也经历了科技发展所带来的改变。

随着移动互联网在旅游行业中的应用,传统的预订酒店、机票和门票等变得更加便捷,客户对于个性化的旅行体验、特色旅游产品和高质量的旅行配套服务等提出了更高的要求。与此同时,"旅游+"概念的提出要求旅游产业与相关产业相融合,从而整合优势旅游资源。一批服务于在线旅游的企业利用云计算、大数据等将旅游资源系统地整合在一起,使旅游业的市场细

---

① http://www.sohu.com/a/167300923_99988290.
② http://baijiahao.baidu.com/s?id=1593183524127708586&wfr=spider&for=pc.
③ http://www.askci.com/news/chanye/20180301/162309118869_8.shtml.

分程度进一步加深,例如百度、途牛、携程和去哪儿等公司进入旅游市场后将阿拉伯国家与中国之间的航空、酒店、景区门票、旅游签证、个性旅游服务等结合在一起,使游客自由出行更加便利。这种融合了传统旅游产业和其他产业之间的经营模式,已经成为现代旅游文化产业发展的主要特征之一。

另外,中阿旅游文化产业在人文领域也成果丰硕。① 截至2018年5月已有26座中阿城市结为友好城市;来自9个阿拉伯国家的22位媒体人士来到中国参加资深媒体人员研修班;中国中央广播电视总台覆盖了阿拉伯联盟所有成员国;在阿拉伯联盟国家已设立26所孔子学院。截至2017年底,中国已与11个阿盟国家签订双边文化合作协定年度计划,邀请4604人次文艺演出人员互访,推动105家阿拉伯国家文化机构与中国对应的机构开展合作;2017年、2018年冬春航季,中阿定期航班达到每周150班;2017年已完成10部典籍的互译工作(如《日落绿洲》②等)。从唯物辩证法的角度看,事物的发展是普遍联系的,无论是新闻广电、教育、艺术还是航空客运、文学等领域,在"旅游+"的时代,它们已经成为中阿旅游文化交流的一部分,它们正经历着从一元的、孤立的存在形式向多元的、彼此融合的发展方式转变。

(三)中阿旅游文化的冷与热

"一带一路"沿线65个国家,由于政治、历史和文化等因素的影响,在交流沟通上存在一定的差异,这成为阻碍中阿旅游文化交流的壁垒,然而随着世界旅游热的升温以及"一带一路"倡议的实施,越来越多的出境游客将阿拉伯国家作为出游目的地,欣赏了解不同的阿拉伯风情、品尝阿拉伯国家的美食。

1. 中阿旅游文化交流遇冷的心理障碍

阿拉伯国家联盟中部分成员国由于政局动荡,国内仍处于动荡时期,如

---

① 上海外国语大学中东研究所:《共建"一带一路",推动中阿集体合作站上新起点——中国 - 阿拉伯国家合作论坛成就与展望》,上海外国语大学,2018。
② 巴哈·塔希尔:《日落绿洲》,邹兰芳、张宏译,五洲传播出版社2017年版。

叙利亚、利比亚被国际SOS救援和风险控制列为危险最大的目的地。[1] 在没有安全保障的情况下，到这些国家旅游无疑会给旅游体验者带来巨大的伤害，正是这样的情况也给其他阿盟国家蒙上了出行不安全的阴影。再加上宗教信仰不同、语言不通等问题，在部分阿拉伯国家旅行并体验文化是不被看好的。

2.中阿旅游文化交流热的利好之处

随着"一带一路"倡议的实施，中阿双方强化了各领域的合作，尤其是在旅游文化产业方面。据中国日报中文网[2]报道，世界旅游经济论坛副主席王敏刚在谈到旅游文化产业是否能够成为"一带一路"沿线国家经济发展的新动力时，他表示阿拉伯国家历史悠久，文化底蕴深厚，又拥有丰富的旅游资源，具有明显的优势，这些因素成为推动旅游文化经济发展的重要保障。亚洲基础设施投资银行（Asian Infrastructure Investment Bank，简称亚投行）的成立旨在推动亚洲国家基础建设和互联互通，例如桥梁、公路等，间接地满足了支持旅游发展的交通条件，间接地推动旅游运输行业的发展，同时也为中阿双方交流提供了融资平台，整合双方资源推动"一带一路"建设。此外，2017年6月29日"一带一路"沿线国家旅游美食文化推介会在北京召开，参会的有埃及等国，此次推介会以美食文化为主题，介绍食品安全，从而促进中阿双方相互了解，提升中阿旅游文化的内容。

三 中阿旅游文化交流发展的动因分析

我们有必要将中阿旅游文化交流日渐频繁的原因仔细剖析一下，大体可以看作时代背景的大好环境，例如：世界整体旅游文化产业的发展、新科技助力传统旅游业的发展等；也可以认为是中阿共筑利益、命运、责任共同体的新政策的稳健实施，如"一带一路"倡议。本文还探讨了中阿旅游文化

---

[1] https://www.sohu.com/a/208887166_782446.
[2] http://world.chinadaily.com.cn/2017-05/04/content_29205530.htm.

交流给彼此发展带来的契机。此外，鉴于以上分析，笔者提出几点建议，针对加强双方在旅游文化交流方面的合作，以及如何利用新科技推动发展中阿旅游文化交流。

（一）世界旅游经济的蓬勃发展

《世界旅游经济趋势报告（2018）》[1]显示，2017年全球旅游总人次约119亿，预计2018年将达到127亿总人次；2017年全球旅游总收入达到5.3万亿美元，预计2018年将达到5.6万亿美元，在全球GDP的占比将由6.7%升至6.8%。该报告还指出，世界旅游增速高于世界经济的增速，并成为国际服务贸易中最大的组成部分。

在这种背景下，中东的旅游也出现了增速。根据表1，我们可以看出，相比2017年中东地区旅游总人次1.71亿而言，预计2018年该地区旅游总人次将达到1.78亿，增速0.9%；相比2017年该地区旅游总收入0.15万亿美元而言，预计2018年该地区旅游总收入约为0.16万亿美元，增长6.1%。

表1 中东旅游经济总体情况*

	估计			预测
	2015	2016	2017E	2018F
旅游总人次(亿人次)	1.63	1.70	1.71	1.78
旅游总人次增长率(%)	4.7	3.7	0.9	4.6
旅游总收入(万亿美元)	0.14	0.15	0.15	0.16
旅游总收入增长率(%)	4.4	3.3	4.8	6.1

* http：//www.askci.com/news/chanye/20180207/161323117813_4.shtml.

另外，根据该报告，中东地区的旅游投资年均增长率为2.7%，居五大旅游板块的第二位，详见图1。[2]

---

[1] 世界旅游城市联合会（WTCF）、中国社会科学院旅游研究中心：《世界旅游经济趋势报告（2018）》，http：//www.askci.com/news/chanye/20180207/161323117813.shtml#。

[2] http：//www.askci.com/news/chanye/20180207/161323117813_9.shtml.

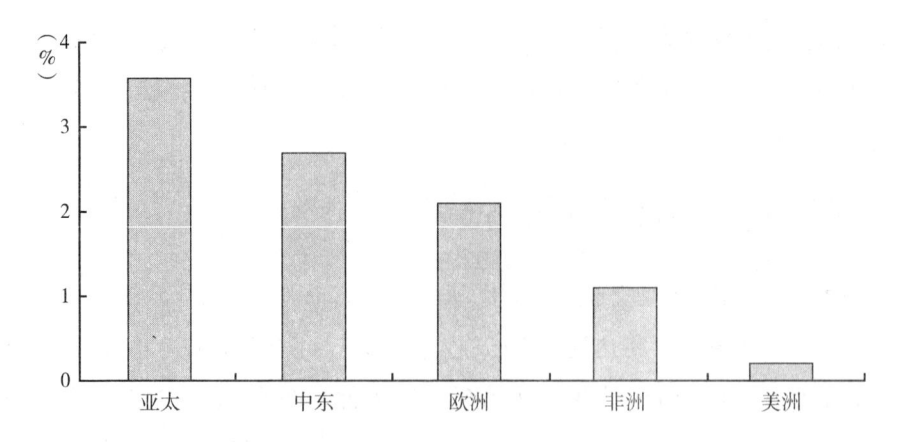

图1 2008～2017年五大板块旅游投资年均增长率

人工智能在旅游业中的作用已经有了明显进步，例如酒店云端技术系统、旅游路线设计、智能导航系统等。随着智能移动终端的普及，人工智能在旅游业中的应用可以分别体现在以下几个方面。（1）实现精准营销，人工智能依托酒店云端技术系统有助于精准吸引不同需求的客户，实现资源的有效利用。譬如说，中国的去哪儿、携程、途牛等旅游网站为用户提供了大量的旅游信息，网站会根据用户的浏览记录将拟定的旅游路线、预定方式、价格比较、旅游体验评价、旅游特色等信息推送给用户。（2）减少旅行沟通障碍，促进人际交流，例如翻译APP被广泛安装在智能手机上。4G互联网在智能手机上被广泛应用，有了互联网的基础，类似于百度翻译、有道翻译、谷歌翻译等软件可以便捷地被使用。（3）提升服务顾客效率和管理效率，也能为游客提供个性化的服务。某旅行行业呼叫中心的人工智能语音系统上线后，顾客根据语音提示搜寻问题答案，无法解答的问题转接至人工服务，效率大大提升。旅行企业或酒店，可以根据人工智能数据分析制定营销策略、提供客户服务并做出市场客流预测等，有利于提高自身管理效率。再者，某智能行程定制神经网络会根据游客的需求，在几十秒钟内根据出行旅游路线、目的城市天气、目的酒店价格等众多因素择优选择推荐，尽管这相对人工而言是复杂的过程，但人工智能的介入使自由出行旅游变得更加便捷。

然而，也有网络作者[1]指出，人工智能在助力传统旅游业的同时也存在一些困难。我们在此将其观点简化为三点：(1) 数据碎片过于庞大。用户群体的数量急剧增加，导致人工智能在针对个人定制个性化出行方案时容易出现偏差或者离散的信息。(2) 建立智能行程定制神经网络，在不同应用场景中要做到精准决策与连接具有一定的技术难度。(3) 人工智能在传统旅游业中的广泛应用需要结合海量数据分析能力、准确的智能应用以及专业的知识库，三者结合才能真正迈出智能旅游关键的一步。毕竟，从信息化到智能化，正是各个行业新时代所经历的一场变革，是无法避免的。

(二) 中阿旅游文化政策利好

就阿盟国家旅游政策而言，阿盟2016年公布了"制定阿拉伯国家文化旅游规划"，并将旅游业视为国家经济的主要来源之一，同时将其视为阿拉伯国家文化政策之一。中国在2016年1月颁布的《中国对阿拉伯国际政策》[2]从政策上给予中阿旅游文化交流方面的支持，该文件在第三部分第四小节"人文交流领域"明确强调加强文化、旅游等方面的合作。此外，文化旅游部印发的《文化部"一带一路"文化发展行动计划（2016—2020年）》[3]明确了组织、政策法规、资金和人才的保障，健全了中阿文化合作交流的保障措施。

从中阿的政策文件判断，中阿旅游文化交流的支撑政策是利好的，有利于双方发展这方面的合作。

根据阿拉伯国家旅游组织主席班达尔·法赫德[4]在2016年阿拉伯航空峰会上的预计，2020年阿拉伯世界旅游市场投资将达到3230亿美元，同时也会为阿拉伯世界带来1000万个就业岗位，占总就业岗位的12%。

---

[1] http://robot.ofweek.com/2016-01/ART-8321203-8420-29054856.html.
[2] https://www.fmprc.gov.cn/web/zyxw/t1331327.shtml。
[3] http://www.ndrc.gov.cn/fzggz/fzgh/ghwb/gjjgh/201707/t20170720_855005.html。
[4] http://finance.sina.com.cn/roll/2016-12-12/doc-ifyxpcqa9434874.shtml。

此外，根据曹语庭[①]统计的阿拉伯国家旅游业总收入及其在阿拉伯国家GDP中的占比情况分析，从2006年至2016年，阿拉伯国家旅游收入从500亿美元稳步上升至750亿美元，其GDP占比也从2.7%逐渐上升至3.1%，预计到2026年其旅游收入将超过1200亿美元，其GDP占比将升至3.4%。

根据曹语庭统计的到访阿拉伯国家旅游人数判断，沙特、阿联酋和摩洛哥等地游客人数每年都超过1000万人次，其中到访沙特的人数更是超过了2000万人次，原因或许在于麦加朝觐、迪拜旅游购物和摩洛哥独特的自然风光。就2017年的旅游出入境数据[②]而言，中国公民赴阿拉伯国家旅游共133.81万人次，同比增长9.9%；阿拉伯国家公民来华旅游共33.63万人次，同比增长2.5%。

（三）"一带一路"给中阿旅游文化交流带来的契机

西汉张骞出使西域开辟的古代"丝绸之路"，后经历了唐代的繁荣发展，其为中阿交流开辟了通道，在中国与阿拉伯国家和平交流的道路上扮演重要的角色。在古代，有关丝绸、玉器、贵重金属等的贸易，宗教的传播、文化的交流以及民族的融合等都与这条重要的道路息息相关。

到了21世纪，传统意义上的丝绸之路已经变为"新丝绸之路经济带"，它由中国经中亚至欧洲、非洲横跨亚非欧三大洲，它将依靠中国与阿盟国家现有的多边机制和区域合作平台，在和平发展的前提下，积极推动新丝绸之路沿线国家的经济合作，协力打造开放、包容、均衡、普惠的区域经济合作架构。新丝绸之路经济带与21世纪海上丝绸之路合称为"一带一路"。

"一带一路"的意义在于探索经济增长之道，实现全球化再平衡和开创地区新型合作等。有关如何理解"一带一路"的含义及意义，可以参考陈

---

① 曹语庭：《阿拉伯国家联盟文化政策研究》，上海外国语大学博士学位论文，2017，第97~99页。

② http://cn.chinaculture.org/pubinfo/200001003001/20180712/9823dc3dfa9748a0a2c6b306ebf005ab.html.

积敏[1]的《正确认识"一带一路"》。

在新丝绸之路的背景下,2015年多个与教育或旅游有关的组织团体成立,例如由西安交通大学发起的非官方的、非营利的"新丝绸之路大学联盟",由46所中外高校在敦煌成立的"一带一路"高校联盟,由30多座"一带一路"沿线城市组成的"一带一路"旅游联盟。它们在跨国教育、人才培养、促进青少年交流、推动中阿旅游业发展等各个方面做出了杰出的贡献。在这样的背景下,"一带一路"势必将推动中阿全方位的合作与交流上一个新台阶,正如彼得·弗兰科潘[2]所说的:"丝绸之路曾经塑造了过去的世界,甚至塑造了当今的世界,也将塑造未来的世界。"

四 中阿旅游文化交流的建议

传统旅游业的蓬勃发展遇上了信息技术的变革,那么,传统旅游业又该如何借助于信息技术的改革从而推动自身的发展呢?具体又该从哪些方面着手呢?带着这些问题,我们从以下几个方面进一步思索如何利用现代科技促进中阿旅游文化交流。

VR技术的应用,信用、支付和服务体系的完善,人机交互技术的应用,地理信息系统的应用,培养专业旅游文化管理人才,以及从制度和体制上规范中阿双方交流机制等,都将有力地推动中阿旅游文化的深度合作。

(一)VR技术的应用

虚拟现实(Visual Reality,VR)技术联合旅游的新模式是现代最先进的感应技术与传统旅游业的完美结合,在一定程度上满足了部分顾客足不出户就能体验到不同地域风情的需要,为他们提供了交互的、构想的、沉浸的、

---

[1] 陈积敏:《正确认识"一带一路"》,http://theory.people.com.cn/n1/2018/0226/c40531-29834263.html,2018。
[2] 〔英〕彼得·弗兰科潘:《丝绸之路:一部全新的世界史》,邵旭东、孙芳译,浙江大学出版社2016年版。

全新的旅游体验。

VR技术应用在中阿旅游文化交流中具有一定的优势。首先，它可以使人们体验中阿不同自然、人文风情的同时节约高昂的旅行开支，也有助于旅客在出行前更全面地了解中阿旅游景区介绍等。相比传统的面对面兜售旅游产品或者通过网络平台售卖"一带一路"沿线国家的旅游产品，VR技术可以为用户近距离接触旅游产品提供无可比拟的消费体验。

其次，VR技术能够模拟中国或阿盟国家某个地域的真实生活场景，重现已经损毁的迦太基[①]或者圆明园原貌，虚构现实世界不存在的场景（如奇幻世界）。

最后，我们想强调的是，随着中国和阿盟国家之间的交流愈加频繁，针对对方国家的游客和文化体验者，我们有必要将VR技术应用到景区介绍、旅游产品销售、文化宣传等方面，为中阿旅游文化交流开辟新路径。

（二）完善信用、支付和服务体系

中阿在构建旅游文化区块链（Blockchain）上应该完善信用、支付和服务体系，如如何推进和落实航空公司的数字化身份识别系统，如何完善异国支付和结算服务，如何保障旅游产业链各个行业间的、游客与所在国旅游服务业的信任，等等。这些服务体系的建立有利于促进"一带一路"沿线国家之间的金融信任，有利于双方改善服务质量和消费体验，有效促进支付效率和避免支付诈骗。

2015年中阿博览会暨网上丝绸之路论坛在宁夏召开，该论坛旨在借助北京、上海、深圳等地的云计算能力、管理经验等将宁夏打造为西北重要的云计算和数据中心，又借力亚马逊和阿里巴巴等电商的力量在宁夏建立物联网经济实验区，同时打造第三方中阿贸易支付平台，进一步完善信用体系和电子支付系统。这在"一带一路"的宏伟蓝图下迈出了具有先进意义的一

[①] 地中海地区古城，现在突尼斯境内，1978年被列入第一批"世界文化与自然遗产"名单中。

步，打造了网上丝绸之路，为跨境电子商务提供了技术支撑，进一步促进了沿线国家旅游产品的销售。

面对蓬勃发展的区块链数据运算，中阿应该在政策层面上对区块链数据建设提供帮助。在制度上确保旅游资源数据的开放、不可篡改，使整个"一带一路"沿线国家的旅游文化资源信息处于一个公开透明的区块链环境下运行，维护金融服务的公平和公正，促进区块链金融服务的可靠性和稳定性。

服务体系的建设也离不开旅游文化专业人才的培养。根据中国国家旅游局2017年6月颁布的《"十三五"旅游人才发展规划纲要》[1]指示精神，继续提升旅游人才素质培养，壮大旅游人才规模，加强旅游人才国际交流与合作，以及深化旅游人才体制机制改革，这些都是主要任务。这些主要任务也是各地政府应该重视并积极完成的。

根据世界旅游及旅行理事会（WTC）2017年报告[2]，2017年全世界从事旅游文化行业的就业岗位约有2.98亿个，占比超过了总就业人口的3.5%，预计十年后的2027年增长到3.82亿个工作岗位，年平均增长率为2.5%。"一带一路"倡议自提出以来，极大地带动了沿线国家的旅游文化产业，参与从事的就业岗位也越来越多，随之而来的就业机会也越来越多，可是很多地区缺少专业的旅游文化行业管理技术人才，而现有的劳动密集型工作岗位正逐渐向技术密集型岗位过渡，一些低技术含量、低端劳动工种将逐渐被机器取代，如检票员、售票员等。

面对类似的情况，中阿应该在一些方面做出调整。第一，加强行业管理，提高旅游文化行业从业人员的整体学历、素质等，严格考核机制，严惩欺诈坑骗旅客的从业人员。第二，成立专门的旅游文化人才资源管理部门，积极引导旅游文化产业从业人员自主学习，跟上时代步伐，从而弥补高端旅游文化管理人才、技术人才的缺口，进而减少低端劳动力的数量。第三，增

---

[1] http：//zfxxgk.weihai.gov.cn/xxgk/jcms_files/jcms1/web30/site/art/2018/1/15/art_7782_246713.html.

[2] http：//www.askci.com/news/chanye/20180207/161323117813_24.shtml.

加旅游文化产业从业人员的培训机会，针对该行业的缺口岗位有目的地培训一批知识和技能过硬的人员，进一步优化旅游文化产业从业人员数量与旅游文化产业缺口数量之间的平衡。

（三）人机交互设备的开发

随着科技的发展，智能化进一步普及，人机交互技术的进一步提升，人与机器之间的对话或互动已逐步实现，例如语音识别技术、3D 旅游景点模型展示。传统意义上的旅游体验是身体力行，而新时代科技正逐步改变着人们的旅行出行方式，旅游文化的内涵也逐渐发生改变。譬如说，残障人士也可以借助 3D 旅游景点模型导航语音，穿戴人机交互设备体验虚拟场景下的中阿著名旅游胜地。

鉴于此，有必要鼓励开发针对推广中阿旅游文化的人机交互设备，譬如说，Saber 实验室设计的 EEG 飞行 APP 和装备，使用者通过穿戴设备提升其感知能力。即使大众的经济能力有限，也可以不受地域等因素限制从而体验到中阿旅游热门景地，人机交互设备或许对深化游客旅游体验具有革命性的作用。

（四）地理信息系统的应用

地理信息系统（Geographic Information System，GIS）的发展涵盖了绝大多数城市或旅游景区的地理位置、基本建筑外貌、支持漫游、选择定位和实时天气情况等数据，对于中阿两地旅游行为具有预测的作用，具有一定的优势。首先，大数据时代需要地理信息数据的准确性支撑旅游业，例如从天安门到什刹海的最优出行路线和方式，地理信息系统可以为旅客提供最优的路线。其次，地理信息系统有助于对风景地区资源的收集、管理和维护，例如，多地自然风景区和国家森林公园收集不同季节地质地貌的变化数据，以预防因恶劣天气可能带来的景区危险，从而合理选择关闭或开放部分旅游景区。

地理信息系统改变了旅游者的出行习惯，从而形成了新时代的旅游文化,即智能出行。以上所说的都是一些细节问题,但依然在深化中阿合作上具有可行性,也必将为其他旅游板块之间的合作提供借鉴意义,中阿应该支持相关企业的发展。

(五)关于推动中阿旅游文化产业进步的几点建议

关于未来中阿在旅游文化层面的发展建议,除了前文提到的科技助力传统旅游文化产业发展跟上时代步伐以外,笔者还有几点建议。

第一,整合彼此的旅游资源,取长补短、互通有无。"一带一路"沿线国家积极参与中阿合作论坛框架下的各种会议,商讨如何开发集民族文化、生态旅游等为一体的旅游路线,大力投资兴建具有特色的和吸引力的旅游景区,这将提高沿线国家旅游服务的质量,也将增加旅游服务行业的工作岗位。随着游客数量的进一步增加,随之而来的一些问题也亟待解决,如区域旅游公共信息平台的建立、旅游景区服务设施的完善、配套旅游的增值服务等。

第二,构建多元的宣传体系推动中阿旅游文化交流。首先,可以依托"网上丝绸之路"和"空中丝绸之路",积极开展中国丝绸之路沿线城市与阿拉伯国家丝绸之路沿线城市之间的旅游战略合作,推动各沿线城市设立旅游合作办事处,资助双方共建旅游度假产业园等。其次,鼓励民间旅行社与阿盟国家旅行社开展合作业务、拓展市场、共享信息等,将官方之间的旅游、文化合作延伸至民间组织或团体。

第三,推动中阿文化产业的发展。文化产业的发展方向包含很多方面,我们很难在一篇文章中给出所有的答案,不过我们可以尝试在以下几个方面寻求突破。

(1)提高中阿文化交流水平。具体可以通过以下方式:缔结"一带一路"中阿友好城市条约,举办文化艺术节,搭建中阿合作交流平台,举办物质与非物质文化展览,对接博物馆、文化馆等文化机构的合作,等等。

(2)加强典籍互译和出版合作的同时,重视报刊、广播电视、网络媒体的协调合作。举例说明,中阿出版合作论坛2015年在宁夏召开,针对出版合作、版权贸易、书籍引进和出版发行等事宜展开了深入的讨论。同年，宁夏也举办了中阿广播电视合作论坛，具体探讨了媒体合作、人才交流、举办电影周等活动内容。我们可以借鉴宁夏经验，在深入开展纸质文明和电子信息文明的同时，总结经验、细化工作内容，将中阿文化交流的方式进一步多元化，增强中国文化软实力。

（3）扩大民间、科研机构之间的交流。阿拉伯中国友好协会、高教与科研研讨会、孔子学院等机构、"百千万"工程（2016）、中国高校与阿盟高校在扩大非官方的交流中扮演了一定的角色，为促进留学生、学者、科研人员、艺术家等群体来往中阿提供了便利，也给予了一定的资金支持。

（六）进一步规范中阿旅游文化交流的合作机制

在"一带一路"背景下，中阿更应在现有基础上扩大合作，进行务实的实践活动。

第一，在尊重文化差异的前提下，整合现有可以开发的合作资源，进一步寻求新的合作领域。例如在文化产业领域，开展美术馆交流、翻译培训班、共同拍摄电影以及建立公共交流平台等。

第二，在《中阿合作论坛执行计划》框架下，加大续航投资，让旅游文化交流可持续发展，例如暨南大学为"一带一路"沿线国家留学生设立的每年1500万元"丝路奖学金"，吸引他们来华求学。

第三，落实习近平总书记强调的"民心相通"[①] 理念，始终将"一带一路"国家人民的经济收益与文化、旅游收益挂钩，鼓励相关人才进入该领域，并健全相应的机制，大力推广介绍"一带一路"沿线国家的旅游、文化产品，努力使"一带一路"延伸之处成为人文交流的聚集地。

第四，建立具有针对性的交流或合作平台，例如建立中阿旅行商合作网

[①] 习近平：《弘扬人民友谊　共创美好未来——在纳扎尔巴耶夫大学的演讲》，《人民日报》2013年9月8日。

络平台，吸引更多的阿盟国家民众通过网售或网购的形式推广自己的旅游产品；同时，也可以建立针对"一带一路"沿线国家旅游资源宣传培训员的培训班，详情可以参见宁夏旅游学校和阿航学院共同开展的合作培训项目，无论是联合办学，还是师生互访等形式，这样的合作为宁夏及海湾国家旅游业培养了急需的人才。

第五，如何进一步加强各个部门之间的协调与合作是我们下一步需要解决的问题。与阿盟国家各个部门之间的交流不应该是国内某一部门的责任，例如国家文化和旅游部，其主管中阿旅游文化交流项目，同时还涉及国家广播电视总局的协助；在涉及人才培训、奖学金资助时，还需要文化部的协助。因此，在简化配合工作的流程，提升配合工作的效率等方面，还需要在工作机制上做出积极的调整。

中阿饮食文化交流报告

孟海燕*

摘　要： 中国和阿拉伯国家是"一带一路"的天然合作伙伴。双方在这一平台上的务实合作规模不断壮大，中阿间的饮食文化交流活动也日渐丰富。随着餐饮业、旅游业等相关产业的跟进发展，中国与阿拉伯国家之间的饮食文化当基于农业领域的交流与合作，通过中阿农业合作论坛加强并规范农产品的食品出口。想要进一步开拓与阿拉伯国家间的饮食文化交流，就要始终秉持中阿所需、中方所能，不断创新食品行业的服务形式和内容，积极为中国企业"走出去"、阿拉伯国家及世界各国企业"走进来"搭建桥梁。

关键词： 阿拉伯国家　饮食文化　食品出口　创新服务

阿拉伯国家是"一带一路"倡议的重要参与者和共建者。中方应与时俱进地深化与阿拉伯国家的合作。当前，中国向西开放的大趋势同阿拉伯国家向东发展的新潮流相向而行，相互呼应，共建"一带一路"在中东的整体布局正在快速成型。[1] 美食在国际交流间的影响力和作用是不可估量的。人们因美食而相聚在一起，不分国界；人们品尝美食的同时，更是对其文化的鉴赏。

---

* 孟海燕，英语语言文学硕士，中国矿业大学银川学院人文学院教师。主要研究方向为英美文学。

[1] 《王毅：中阿共建"一带一路"在中东快速成型》，中华人民共和国外交部，http://www.fmprc.gov.cn/web/wjbzhd/t1575690.shtml，2018年7月10日。

中华美食文化源远流长，是传承中华文明传统与礼仪的重要纽带。因此，借"一带一路"建设契机，进一步深化中国和阿拉伯国家的饮食文化交流，中国食品行业的企业应充分利用天然优势，不断寻找"走出去"的机遇和路径，如何创新服务形式及其内容将成为饮食文化交流发展面临的重要问题。

一 "一带一路"对中国与阿拉伯国家饮食文化交流的促进

"一带一路"倡议为中国带来了沿线国家包括亚太、欧亚、中东以及非洲等地区的65个国家，总人口比例占全世界人口的63%；其经济总量是全世界经济总量的29%。这就为中国带来了无限的商机，提供了广阔的市场空间。据商务部统计，2016年，中国与"一带一路"沿线国家贸易额为6.3万亿元人民币，同比增长0.6%；其中食品农产品贸易额为1300亿元人民币，同比增长10%。[1]

"一带一路"沿线各国发展不平衡，源于这些国家多为发展中国家，还处于经济发展的上升期。作为新兴经济体，他们在食品行业发展上还处于劣势，而中国具有巨大的食品生产潜力，这便为我国食品行业注入了新鲜血液。沿海地区食品行业发展较好的国家方可自给自足；而发展缓慢的北非和部分独联体国家却只能依靠进口食品满足国内需求。这便为我国食品行业的发展提供了契机。以清真食品为主的阿拉伯国家，其穆斯林人口不断增加，庞大的群体势必带来巨大的清真产品国际市场。据马来西亚清真产业促进署提供的资料显示，在人口约90%为穆斯林的中东国家，超过80%的清真食品依赖进口。可见世界穆斯林人口的增加和"一带一路"倡议的深化，给中国清真产业的发展带来了新的活力。[2]

---

[1] 参见国家发展改革委、外交部、商务部《推动共建丝绸之路经济带和21世纪海上丝绸之路的愿景与行动》2015年第28期。

[2] 参见李明伟、李福全《论"一带一路"战略下中国清真产业面临的机遇和挑战》，《大庆师范学院学报》2016年第4期。

二　中国与阿拉伯国家饮食文化交流发展现状及特点

2017年，中国与阿拉伯国家在系列饮食产业博览会、交易会的促进下，通过各类文化节、展会以及经贸合作论坛进行友好交流，双方的食品产业得到了一定的发展。中阿农业合作论坛、美食文化节、中国国际清真食品博览会以及茶博会等活动，推动了中国与阿拉伯国家间农业合作机制，规范了农产品的食品进出口，使双方在饮食文化上得到相互赏鉴，并带动了旅游业等相关产业的发展，推进了中阿间的经贸合作。

（一）中阿农业合作论坛为中阿饮食文化交流提供物质保障的契机

中华人民共和国商务部的《农业进出口月度统计报告（2017年1~11月）》显示，中国农产品进出口金额为1804.2亿美元，同比增长9.7%；中国农产品进出口金额为190.0亿美元，环比增长23.1%，同比进出口金额增长13.4%。各大洲进出口额分布图如下（见图1、图2），亚洲出口总额明显大于进口总额。

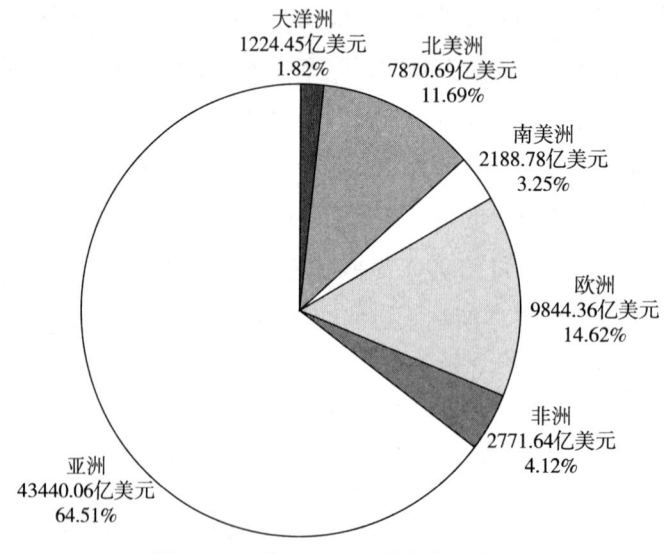

图1　2017年1~11月分洲出口金额

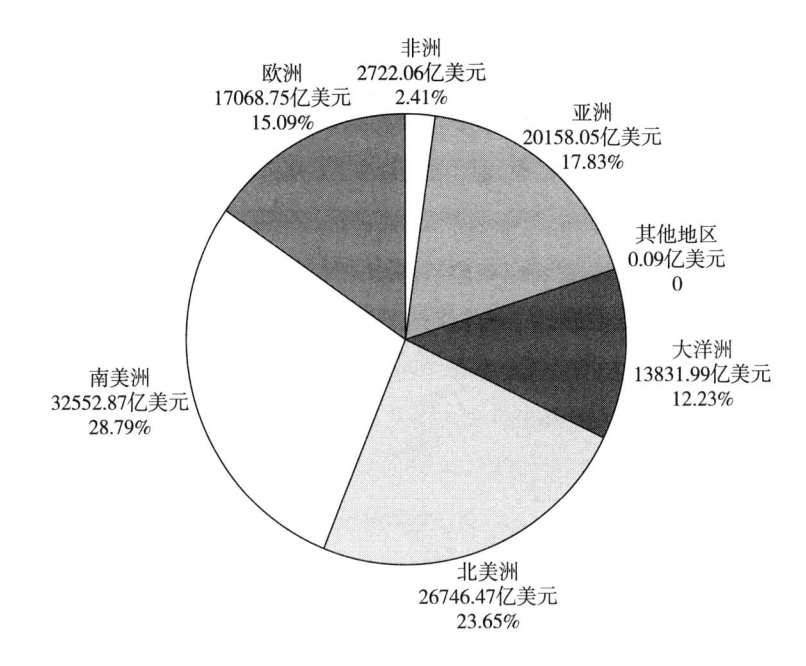

图2 2017年1～11月分洲进口金额

我国与22个阿拉伯国家进出口情况如表1、表2所示,出口总体呈上升趋势。这表明中国与阿拉伯国家间在农业领域的进出口贸易发展平稳。而报告中提及农产品(食品类)的进出口比例,也基本趋于正值。

表1 2017年1～11月中国出口阿拉伯国家(地区)情况

国家(或地区)	2017年1～11月金额(美元)	2016年1～11月金额(美元)	同期比(%)
西亚			
巴勒斯坦	311.7	272.9	14.2
约旦	5840.3	5433.9	7.5
叙利亚	1529.9	1762.1	-13.2
黎巴嫩	7266.3	6527.1	11.3
沙特	28518.3	27416.5	4.0
伊拉克	13023.9	11250.3	15.8
也门	7414.1	8819.4	-15.9
科威特	2790.1	3509.3	-20.5

续表

国家(或地区)	2017年1~11月 金额(美元)	2016年1~11月 金额(美元)	同期比 (%)
阿拉伯联合酋长国	43412.6	47249.7	-8.1
卡塔尔	2107.6	1754.6	20.1
巴林	3582.0	2584.1	38.6
阿曼	2666.4	2352.8	13.3
北非			
阿尔及利亚	12272.4	13938.1	-12.0
摩洛哥	27620.6	26246.4	5.2
突尼斯	3185.6	3026.4	5.3
利比亚	3102.8	2234.9	38.8
苏丹	4823.7	3751.5	28.6
埃及	20026.5	20171.4	-0.7
东非			
吉布提	986.5	675.3	46.1
索马里	770.9	330.9	133.0
科摩罗	109.6	122.1	-10.2
西非			
毛里塔尼亚	6576.2	6288.8	4.6

表2　2017年1~11月中国从阿拉伯国家（地区）的进口情况

国家(或地区)	2017年1~11月 金额(美元)	2016年1~11月 金额(美元)	同期比 (%)
西亚			
巴勒斯坦	—	—	—
约旦	190.0	86.8	118.9
叙利亚	61.4	208.5	-70.6
黎巴嫩	41.5	21.5	93.2
沙特	—	—	—
伊拉克	57.9	166.3	-65.2
也门	46.6	44.8	4.0
科威特	—	4.4	—
阿拉伯联合酋长国	2500.1	1188.0	110.4
卡塔尔	0.1	0.0	1415.2
巴林	—	22.0	—
阿曼	156.2	203.1	-23.1

续表

国家(或地区)	2017年1~11月 金额(美元)	2016年1~11月 金额(美元)	同期比 (%)
北非			
阿尔及利亚	74.4	52.7	41.1
摩洛哥	2932.0	4458.9	-34.2
突尼斯	256.7	213.0	20.5
利比亚	3.8	30.4	-87.7
苏丹	26811.9	13522.7	98.3
埃及	10789.2	4124.7	161.6
东非			
吉布提	—	1.8	46.1
索马里	811.3	910.9	-10.9
科摩罗	3.0	—	225.8
西非			
毛里塔尼亚	7577.3	1792.8	322.7

中阿农业合作论坛的开展，为中国与阿拉伯国家进一步加强饮食文化的交流与合作，提供了一定的物质保障，为农产品（食品）方面提供一定的合作契机。论坛讨论的内容围绕融入"一带一路"，加快农业国际合作，针对农业科技、贸易、可持续发展以及共同推进中阿合作机制的建立，提出新思路、新见解、新倡议，为推进中阿农业科技创新与可持续发展提供有益的借鉴和参考。

2017年9月4~7日，农业部党组成员、中国农业科学院院长唐华俊在银川出席了2017年中阿农业合作论坛、中阿现代农业展暨中国（宁夏）园艺博览会系列活动。

唐华俊在论坛开幕式上发表"发挥优势特色积极推进一带一路框架下的农业务实合作"主旨演讲，就推动中阿农业可持续合作提出四点建议：推动农业科技合作，促进农产品贸易合作，推动农业投资合作，完善农业合作机制。毛里塔尼亚国民议会第一副议长穆罕默德·叶海亚·哈尔希高度赞赏了"一带一路"倡议，表示将积极利用论坛平台，深化中阿农业合作，对中国一直以来给予的无私帮助表示衷心感谢。

活动期间，唐华俊还深入宁夏农科院科研基地实地调研，了解水稻、玉米育种和土壤改良最新研究进展。

据悉，依托中阿博览会平台，宁夏已成功举办了7届中国（宁夏）园艺博览会。2017年展会主题为"绿色共赢　开放合作"，以促进现代农业发展为目标，以投资合作和技术提升为重点，聚焦专业化、精品化、市场化和国际化，突出科技元素、文化元素、鲜活园艺，宣传展示国内外特别是宁夏现代农业及园艺产业发展新成果，为交流技术、洽谈合作搭建平台，积极推动务实合作。

园艺博览会开幕式之前，2017年中阿农业合作论坛在银川市国际交流中心召开。农业部党组成员、中国农科院院长唐华俊，埃塞俄比亚总理府工农业政策与规划考核国务部长泰科雷·几维（Tekle Deressa Jewe），联合国粮食计划署驻华代表屈四喜，埃及国会议员、埃及新农村开发公司主席阿特尔·哈努尔（Atter Hannoura），宁夏农牧厅长王文宇先后作了主旨演讲。宁夏农牧厅与毛里塔尼亚、约旦、吉尔吉斯斯坦等国的5家相关农业合作机构签署对外农业合作协议。

2010年以来，中阿农业峰会从无到有、由小到大、从举办单一技术交流到组织综合系统的农业板块，农业在对阿合作中已经成为不可或缺的重要组成部分。唐华俊表示，农业部将一如既往地支持宁夏农业现代化建设，支持宁夏农业"引进来"与"走出去"并举。

博览会包括现代园艺展、农业信息化和农机装备展、农业特色优质品牌展、葡萄酒展、枸杞展五大展区。其中，农业特色优质品牌展重点展示宁夏"五大之乡"农产品、"1+4"特色农产品和生产技术。葡萄酒展主要展示宁夏及国内外知名品牌葡萄酒产品、技术、装备及融合发展成果等。枸杞展以枸杞新技术、新品种、深加工产品、枸杞历史文化以及宁夏枸杞产业发展成果为主。

农业合作论坛高端论坛，邀请约旦农业部、阿根廷英肃德集团、埃及农业部农业研究中心、江西正邦集团、走出去智库、中农发展集团有限公司、新希望集团、江苏丰尚智能科技有限公司、中地海外和宁夏"走出去"代表企业宁夏泰金种业有限公司和宁夏-毛里塔尼亚畜牧示范场等国内外农业官员、知名企业代表,围绕融入"一带一路"建设,发挥资源优势,共同开发国际市场进行交流。

(二)中阿美食文化节为中阿饮食文化交流提供了可行性平台

美食文化节荟萃各地美食,以节庆的形式提供饮食文化交流平台。美食节不仅能展示当地特色,树立城市形象,而且能带动相关旅游、文化产业的发展。中阿美食文化节的举办为中国和阿拉伯国家间的饮食文化交流提供了很好的平台,双方就这一平台可以更好地展示本国美食文化特点,进一步促进相关产业发展。

1. 中埃美食工作坊

在中阿美食交流方面,2017年8月16日,由文化部中外文化交流中心、开罗中国文化中心主办,浙江省文化馆承办的"舌尖上的中国——江南美食工作坊"在开罗拉美西斯·希尔顿酒店成功举办。中国驻埃及大使宋爱国、埃及旅游部长拉希德、前总理谢拉夫、前驻华大使阿莱姆等嘉宾出席活动。

中国驻埃及文化参赞、开罗中国文化中心主任石岳文致辞,他表示中华美食文化源远流长,是传承中华文明传统与礼仪的重要纽带,希望通过此次工作坊活动能让埃及民众近距离、全方位感受中华美食文化的博大精深。世界中餐业联合会也为本次活动发来贺信,感谢开罗中国文化中心为推广中华美食文化所做的努力。

本次活动以推介中国江南美食为主题,同时融入中国传统七夕佳节元素。来自浙江省的五位烹饪大师担纲主厨,为埃及各界嘉宾、驻埃使团、烹饪界同行及美食博主精心烹制20余道中国江南特色美食,带来一场浪漫而又精美的美食盛宴。活动当晚,尼罗河畔的希尔顿酒店被红灯笼、中国结装点一新,中国氛围浓厚。美食工作坊现场,中国厨师还展示了雕瓜、米塑等富有特色的中国美食技艺,引得现场来宾叫好声不断。

本次活动共吸引近200位嘉宾出席,《埃及金字塔报》、《共和国报》、

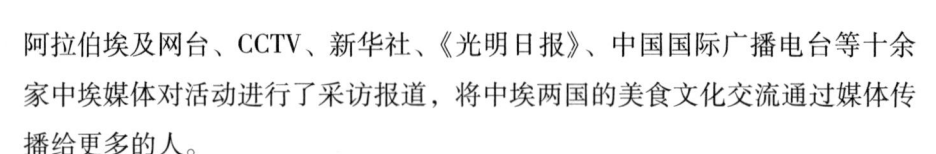

阿拉伯埃及网台、CCTV、新华社、《光明日报》、中国国际广播电台等十余家中埃媒体对活动进行了采访报道，将中埃两国的美食文化交流通过媒体传播给更多的人。

2. 中国清真美食文化节

2017年10月12～14日，兰州市清真食品管理办主任马元协同世界中餐业联合会清真餐饮（食品）产业委员会甘肃大区主席米海一行就"一带一路，繁荣昌盛"首届中国兰州清真美食文化节暨厨艺大赛前期筹备工作赴京调研。在世界中餐业联合会杨柳会长的亲切关怀下，由清真餐饮（食品）产业委员会指导参观调研工作。

在世界中餐业联合会清真餐饮（食品）产业委员会领导的悉心安排下，由清真委员会秘书长米菲带队依次参观学习了北京西部马华庄园、天士力集团，天津泰丰80餐厅、燕春楼等知名企业。交流学习期间，各个企业分别展示了企业文化，使调研小组成员感受到别具特色的企业文化，进一步加深了对开拓创新、工匠精神及传承传统文化的理解。世界中餐业联合会清真餐饮（食品）产业委员会及各个企业的各位大师就"首届中国兰州清真美食文化节"的准备以及落地实施工作给予了悉心指导，提出了丰富多彩、各具特色的建议。

兰州市清真食品管理办马元主任代表调研小组感谢世界中餐业联合会及其清真餐饮（食品）产业委员会和各个企业的热情招待，并诚邀清真餐饮（食品）产业委员会会员单位及清真餐饮企业重游丝绸之路，感受大美兰州，助力首届中国兰州清真美食文化节，共同传承传统文化，发扬工匠精神，打造清真美食盛宴，铸就"中国西北游，美食在兰州"的城市新名片。

清真美食节独具中阿饮食文化交流特色，通过特色美食及其文化的共享，为双方进一步了解及合作交流做好了铺垫。

（三）中国国际清真食品博览会为中阿饮食文化交流开辟了更广阔的途径

清真食品，即符合伊斯兰Halal食品标准认证的食品。清真食品连接着中国与阿拉伯国家间在饮食文化上的交流。国际清真食品展正是为中阿饮食文化的进一步交流与合作搭建了平台。

1. 清真食品国际发展峰会

2017"一带一路"清真食品国际发展峰会于2017年3月20日在成都召开。本次大会由中国食品报社和四川国际商会主办，四川国际商会清真食品专业委员会和四川蕃坊清真食品有限公司等单位承办。支持单位有四川省一带一路促进会、四川美食家协会、四川省跨境电商协会、宁夏清真食品行业协会、河南清真食品行业协会、云南清真食品行业协会、陕西清真食品行业协会、昆明清真食品行业协会、台湾清真食品推广协会，以及日本清真食品行业协会。

本次大会的与会者来自世界各国包括"一带一路"沿线阿拉伯国家的食品商。大会上，四川省政协副主席、四川省工商联主席陈放作了主题发言，讲述四川省及成都市与"一带一路"沿线国家的历史渊源。海外嘉宾代表也表示欢迎中国清真食品企业在"一带一路"沿线国家投资兴业、出口产品、丰富世界清真食品市场。中国糖业酒类集团公司古平先生，做了"糖酒会愿意为清真食品事业发展贡献力量"的主旨演讲。

会上，政商界领导及相关人士为峰会召开进行了隆重的启动仪式。相关学者、专家、企业家也就各自关心的领域，进行了沟通和交流。本次大会还以清真川菜为特色晚宴招待了世界各地的与会嘉宾。参加本次峰会的企业家对于拥有雄厚基础和丰富原材料资源的四川食品工业有了新的认识，同时各方对接了企业的上下游合作伙伴、拓展了企业走向"一带一路"国际市场的眼界和思路。此次峰会为中国与"一带一路"沿线阿拉伯国家乃至世界各国的饮食交流开辟了更广阔的空间。

2. 中国国际清真食品展览会

清真食品产业近年来发展迅速，以其纷繁的品类、优良的品质和鲜明的特色吸引着各族人民，发展潜力无限。而总人口超过2300万的中国穆斯林，80%集中在西北地区。西安古城作为联结中西部经济的重要交通枢纽，在西部大开发战略中具有难以超越的区位优势。为进一步推动清真食品产业在中国西部的发展，打开中西北部清真食品的市场，2017年4月13~16日，西安曲江国际会展中心举办了"2017第三届中国西安国际清真食品展览会"（简称"西安清真食品展"）。

本届西安清真食品展打造了清真食品展区、穆斯林用品展区和清真服务展区，为清真食品各生产企业搭建了桥梁，促进相互间的交流与合作，同时拓展了贸易渠道，为中阿清真饮食交流进一步打开市场。

（四）茶文化博览会为中阿茶文化的传承与交流提供了平台

茶文化历史悠久。茶，无论在中国，还是阿拉伯国家都深受欢迎。中国早期茶文化向阿拉伯国家传播时经陆上和海上两条丝绸之路相辅而行。如今，茶已经成为阿拉伯文化中不可或缺的部分，它对阿拉伯国家人民的生活有着非常重要的影响。在阿拉伯语中，茶的发音为"Shay"，正好与汉字"茶"的发音十分接近，这便是中阿茶文化之间的不解之缘。正是基于这样的文化渊源，茶博会为中阿双方提供了进一步交流茶文化的平台。

1. 北京国际茶业及茶文化博览会

北京国际茶业及茶文化博览会（以下简称"文博会"）是每年10月在北京举办的茶业文化产品及文化服务交易博览会。文博会秉承着规范化、专业化、精品化、市场化、国际化的理念，搭建起当今世界文化创意产业发展交流的平台，推动了国际投资合作与文化交流。

据统计，前十届文博会共吸引了20多个国际组织，分别来自联合国、欧盟、世界知识产权组织、国际工业设计联合会等，其中1162名包括各国高层官员及其文化创意产业主管部门负责人、国内外知名专家、学者和企业家等人员应邀发言；近100个国家和地区的200余个代表团以及来自中国31个省区市的80多个代表团参加了展览展示、论坛峰会、推介交易等板块的活动；签署合作意向、协议1423个，总金额为245.2亿美元。[①]

[①]《2018北京国际茶文化博览会》，搜狐新闻网站，http://www.sohu.com/a/190058954_448511，2017年9月6日。

文博会设立"茶业及茶文化展区",以高端国际化为主旨。主题展"东方茶文化"展示了东方的茶叶及其文化,不仅能促进我国茶文化产业发展,而且能够有力助推中国茶文化品牌,并助力国内茶叶企业奠定国内市场,打开国际市场。同时设立茶叶、茶具、茶工艺品产品等展区;知名茶业品牌企业的参展,有效促成了多项贸易合作。文博会也在一定程度上有助于热爱茶文化的中国与阿拉伯国家间的交流合作。

2. 中国(深圳)国际茶产业博览会

2017年6月29日在深圳举办的第14届中国(深圳)国际茶产业博览会中,最令人瞩目的是作为茶博会主体活动之一的"中国茶界领袖(春季)高峰论坛",其主题是"中国茶·品牌再出发"。与会的众多专家、领导就解读农业供给侧结构性改革政策、分享茶+旅游模式、茶包装设计助力茶叶品牌升级等议题分别展开深入讨论,共商我国茶产业发展之路,为中国茶打造世界品牌保驾护航。此次茶博会论坛就品牌打造提出了新战略,向传承茶文化、推动中阿间茶文化交流迈出了新的一步。

论坛中提出了"茶+旅游"的新模式,茶界领袖聚集,针对茶+旅游在新时期作为一种新的业态将会有怎样的发展趋势展开深入讨论。致力于深度促进茶产业与旅游业间互动发展的茶博园,具有独特性的茶旅体验项目。而广大茶企、茶农建设高标准的生态茶园,也为扩大茶旅品牌的影响力提供了活动空间。借助各等级媒体对旅游地的重点宣传,武夷山茶区在未来将积极创建一批以茶为主题的综合性旅游景点,实施景区茶区一体化发展,强化营销扩大开放,从而进一步提升武夷山茶旅文化的知名度和影响力。另一方面,在普洱茶的带动下,利用丰富的古茶资源和民族的茶文化,不断加强旅游业与茶产业的融合,使得当地旅游业的产业功能进一步得到了释放。勐海县就为其成为"中国普洱茶第一县"量身打造了茶王节,加速茶旅游的发展。以茶王节为平台,充分展示了勐海县茶产业、茶文化的独特魅力和实力。现在越来越多的人在关注茶产业,在品尝茶的同时也在不断地与茶做更加密切的对接,那么,茶旅游也就成了促进茶产业发展、丰富人们美好生活的合理选项。可见,以茶香久远、养生健体、文化体验、精神追求、服务分享为主旨,以茶旅游助发展、茶文化促传播就非常符合现在的需求。而且,中国茶叶博物馆以茶文化传播为使命,以"茶+N"为理念,已经走在了中国茶旅游发展的前列。中国茶叶博物馆在未来会进一步巩固自己优势,不断创新运营方法,努力打造中国茶项目的典范。通过茶文化的传播与茶旅游的运营,不断传承创造中国茶的新业态、新形式,实现从G20时代到T20时代的跨越提升。

论坛还就茶包装设计提出了新的要求。茶包装的独特设计有助于提升企业形象、助力茶叶品牌升级。设计来自自然,也来自于生活,在生活中我们要观察自然,从而去表现艺术,这也代表了一种生活观念。国内作品的设计风格既现代又简约,在表现形式上注重实用性和功能性。也正是希望用户能够通过使用这些设计风格的产品,从而将其所崇尚的简约、亲近自然的精神融入日常生活中。目前,国内注重品牌包装的概念。做一个品牌不仅是设计一个包装,在品牌的时代,要用设计去延伸品牌文化。在茶业包装方面,品牌及其商标设计各有千秋,消费者不一定分得出哪个是好茶、哪个是不好喝的茶。那么通过品牌故事才能让品牌做得更强。品牌识别度的成功程度取决于品牌故事的延伸,延伸品牌故事是高系统性的过程,通过一个非常有系统性的方式,把消费者的故事延伸到包装设计、零售设计和广告设计上。

本次茶博会上,各界茶业领袖、专家学者共同探讨了中国茶产业未来的发展趋势、战略以及对策,为茶行业发展出谋划策。各界精英针对当前茶企业商业模式的成功案例进行了深层次的剖析,并提出存在的问题与战略建议,启发了企业对新商业模式的思考与探究,从而推动茶产业的可持续发展。这就为促进茶文化在中国与阿拉伯国家间的交流奠定了一定的基础。

三 2017年中国与阿拉伯国家饮食文化交流中存在的问题

中国与阿拉伯国家在2017年进行的饮食文化交流不断丰富,但是仍然存在一些问题。在中阿经贸、科技发展的同时，食品行业却没有跟上"一带一路"绿色贸易的步伐，在食品安全、科技及品牌形象等方面仍存在很大的改进空间。

（一）食品安全依然存在隐患

饮食乃是人类生存最基本的需求。食品无小事，健康是大事。当前，随着人们对生活品质的要求逐渐提高，"吃出健康，吃出安全"是民心所向。关注食品安全也曾一度登上健康指数调查榜单首位。可见食品安全问题对于民众来说举足轻重。中国是全球最大的食品生产国，因此，食品安全问题不容忽视。作为世界上最大的货物出口国，尽管我国出口的食品合格率很高，近年来也一直保持不变，但面对日益变化并日趋严格的国际食品标准，以及和其他国家食品标准的差异，我们应该时刻警惕食品安全隐患，这也是致使我国食品行业企业发展受碍的原因之一。食品安全标准在不同地区各不相同，尤其涉及"一带一路"沿线阿拉伯国家，其进口标准高，从而使得我国一些食品无法出口到这些国家，这不利于我国食品出口，更不利于我国食品工业的国际化发展。[1]

（二）食品生产技术较落后

据食品商务网报道，2016年，中国食品工业（除烟草业）的总产值达11.1万亿元，同比增长8.9%；餐饮业总产值3.58万亿元，同比增长10.8%，均高于中国经济6.7%的平均增长水平。[2] 而人民日报网数据显示，当前中国食品工业总产值已跃居世界第一，并占世界食品工业总产值的1/5，但属于一次加工或初级加工的加工业比重占57%，属于精深加工的食品制造业仅占总产值的34%，同时70%的小企业普遍存在生产技术落后、能耗

---

[1] 参见袁亚《食品安全贸易壁垒对我国食品出口的影响和对策》，《经济与战略管理研究》2017年第3期。
[2] 《2016年中国食品工业的总产值达11.1万亿元》，食品商务网，http://news.21food.cn/35/2800840.html，2017年4月21日。

高、排污量大等问题。① 因此，当前中国食品企业面临的一大问题就是生产技术水平偏低，发展缓慢，跟不上国际食品企业发展的节奏。

（三）食品企业管理不善

除生产技术落后于国际水平之外，我国食品企业的管理也存在很大问题。完备的企业管理可以使企业以最小的成本获得最大的利益，是推动企业发展的必然领导力。《2016年全球食品安全指数报告》显示，我国食品安全指数位居113个国家中的第42位。由于企业管理模式欠妥，食品安全跟不上食品经济发展的速度，我国食品企业无法长期立足于国际市场，无法实现可持续发展。从国内食品经销方式可以看出，国内商家普遍只能通过搭起街边小吃摊来推广种类繁多的著名地方特色美食，这无疑就增加了食品的安全隐患，丧失了食品的品牌价值，导致食品企业无法"打开国门，走向世界"。

（四）市场营销策略欠妥

适当的营销有助于顺利进入具有不同文化和饮食习惯的市场，而我国食品行业目前的营销手段仍然很单一。以打价格战为首的营销方式，势必缩小选择产品功能、品质及营销策略的空间，同时导致产品的市场竞争力丧失；而广告战的应用，虽然加速了企业知名度的提升，但忽略了消费者日渐理性的选择态度带来的影响。

因此，食品企业想要在市场上获取强大的持久的竞争力，就必须有效地整合各类资源融入产品的促销中。而任何单一的营销模式，都无法达到有效刺激消费者产生购买冲动，无法做到"即时购买"。

（五）品牌知名度较低

中国饮食文化博大精深，而食品品牌却存在很大问题，绝大部分品牌仍

---

① 《守护舌尖安全　中国今年这样做》，中国日报海外版-人民网，http://paper.people.com.cn/rmrbhwb/html/2017-04/25/content_1769177.htm，2017年4月25日。

处于本土经营，还未"走出去"，未建立国际影响力。多年来，我国食品企业以廉价的资源和劳动力作为竞争优势，虽然我国是世界食品经济贸易大国，但出口产品却主要由贴牌生产或是委托加工组成，暂时还没有形成我国自有的品牌价值优势。[1] 而国内自主经营品牌，其部分食品的质量却常常不过关，达不到进口国家食品安全标准，从而影响了我国食品企业及食品品牌的信誉度，使企业蒙受重大损失，进而阻碍了我国食品行业的国际发展。

四 问题与对策

（一）增进食品安全交流合作

食品安全保障关乎全世界各国的合作共赢，是一个全球性问题，同时也是个系统工程。"一带一路"沿线各国加强食品安全合作有助于促进沿线各国食品贸易交流，必然推动中国与阿拉伯国家间的饮食文化交流进程。中国食品安全标准有待提升，需跟进国际食品安全标准的要求，这就需要中国食品行业增加与阿拉伯国家食品企业的交流合作，进一步了解相关各国的进口标准，从而完善国内食品企业相关食品安全准则；同时，加大食品安全管理力度，明确食品安全管理条例，从而促进我国食品企业走向世界，能更好地立足世界食品发展的舞台。

（二）提高生产技术，促进科技创新

科技是第一生产力。当前国际市场食品安全要求日益标准化，要想产品既不超出成本预算，又能符合国际食品安全标准的要求，就需要食品产业技术转型升级，做到科技创新。在"一带一路"倡议下，想要提升我国食品行业在国际上的竞争力，食品企业应实现食品生产的自动化、智能化，使其

---

[1] 参见《"一带一路"（北京）食品安全合作高层对话在京召开 吴青海倡议共建面向未来的欧亚食品安全合作伙伴关系》，中国质量新闻网，http://www.cqn.com.cn/news/zggmsb/diyi/1091573.html，2015年11月4日。

标准化、绿色化；并采用集约型生产，通过生产过程中的有效劳动创造出新的价值。从而进一步确保食品安全。

当前，我国食品企业可依据"一带一路"沿线国家不同的民俗文化和饮食习惯，以及市场环境造成的食品质量规则性差异，深厉浅揭，因地制宜地研发出独具地方特色、令消费者满意的美食。中国与阿拉伯国家间的饮食文化交流，需重点关注穆斯林相对集中的中东、东南亚及北非地区，推出特色清真产品，并依据当地的相关食材，合理地研制出更健康的新的美食产品。

（三）增进企业战略转型及其国际化

尽管我国食品企业参差不齐，但无论是颇具影响力的全球知名企业，还是其他尚未进入国际市场的企业，都应顺应"一带一路"倡议，发挥其巨大潜力，冲出国门，走向世界。借助"一带一路"发展良好契机，我国很多食品企业基于食品安全保障已实现战略转型，迈向了国际化。例如：光明乳业顺利进驻以色列市场后，便开始拓展美国及欧洲市场；青岛啤酒携手斯里兰卡最大啤酒公司，共同拓展斯里兰卡市场；加多宝集团在泰国投资，设立工厂。一方面，我国食品企业需通过并购、投资的方式跻身国际市场；另一方面，必须加速企业的转型，进一步推动与"一带一路"沿线国家之间产品和资源的流通和互动，夯实中华食品荣登世界舞台的基础。

（四）寻求多元化营销途径

"与天下共其所有而同其利"，"一带一路"就是建立在这样的伟大构想之上的。因此，中国的食品要迈出国门，走向世界，走进阿拉伯国家，与"一带一路"沿线国家分享，就当重视食品的推广模式，实现营销方式的多样性。

要想吸引外商投资，提升中国食品的品牌知名度，举办食品博览会，兹事体大。如内蒙古包头市举办的中国绿色食品博览会，展示了"一带一路"沿线国家最具本国特色的绿色食品，促进了中国与"一带一路"沿线国家的食品贸易交流与合作；河南省漯河市举办的中国食品博览会上，特别设立了"一带一路"专区，供中国与"一带一路"沿线国家的食品企业促成贸易，交流分享成果经验。

随着信息时代的迭代发展，基于互联网平台的跨境电商迅速崛起。《中国电子商务报告（2017）》显示，我国的电子商务交易额已经达到29.16万亿元人民币，同比增长了11.7%（见图3），跨境电子商务交易额为16.87亿元人民币，同比增长21.0%。我国食品电商交易近年来飞速发展，交易额逐年上升。人们通过网络实现坐在家中收货，足不出户吃到各地美食。所以，随着"一带一路"倡议的推进，将传统营销方式同现代营销方式相结合的多元化销售渠道将成为中国食品企业走向世界的必然途径。

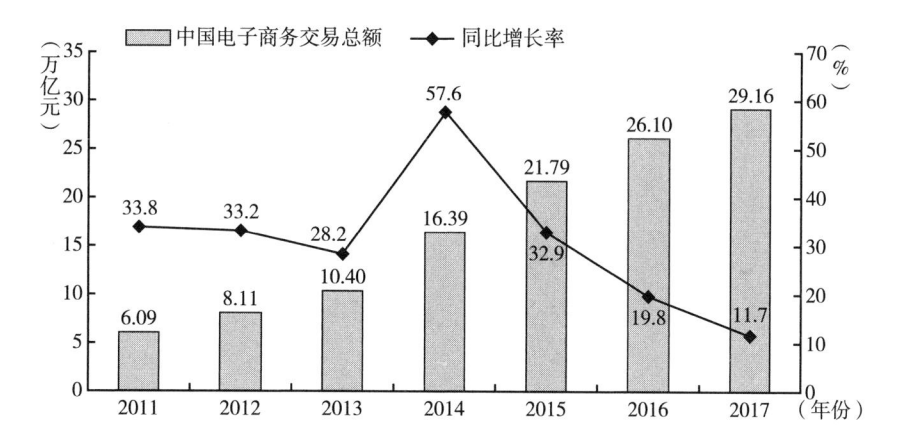

图3 2011~2017年中国电子商务交易总额及增长率

（五）打造国际化食品企业品牌

当今国际上对食品行业的生产经营提出了更高的标准，这势必促使我国食品企业对于品牌国际化的认识日趋成熟。中华饮食文化历史悠久，而国内的食品行业品牌不一而足。虽然许多大品牌已位居全球食品品牌行列前茅，但仍有很大一部分品牌还未"走出去"；另外，更多小众品牌也还缺乏体现我国食品企业品牌的价值优势。品牌的好坏意味着企业的成败，产品是否具备良好口碑,是否能够赢得国际市场的关注,是否能快速吸引大量消费者,都是企业应当时刻关注的。打造出国际化食品品牌是大势所趋。目前,我国正向品牌大国转变。而在"一带一路"倡议下,更多的国内食品企业开启了国际化战略,将品牌推向全球,在与世界著名品牌的交流抑或竞争中,融合多方资源,推动了我国食品行业可持续发展。对于中国与阿拉伯国家的饮食文化交流,企业品牌同样非同小可。

因此,食品品牌的国际化在一定程度上影响食品行业的发展方向。品牌的树立左右着消费者的购买意向。我国食品企业越早实现占据海外市场,越有助于推动我国食品行业的国际化进程。

五 结语

民以食为天。食品在人类生活中占据着重要的地位,它不仅能增进人与人之间的情谊,更能将国与国之间的交流连接在一起。纵览我国食品行业的发展,一路上跌宕起伏,却也伴随着中华民族的伟大复兴而不断地发展进步。随着"一带一路"倡议的助力,食品行业迎来了新的生机。借此,我国的食品企业当以确保食品安全为先,在与阿拉伯国家的饮食文化交流中,逐渐探索出新的发展路线,通过相应的科技创新、符合企业自身与阿拉伯国家企业交流的战略转型,以及企业品牌的全球化,营造出更利于中阿间饮食文化交流合作的新气象。

专题报告

Special Report

中阿合作论坛回顾与展望

张康龙*

摘　要：　"中国-阿拉伯国家合作论坛"（China-Arab States Cooperation Forum）自2004年成立以来，在中阿双方深化各领域的战略合作中发挥了重要作用，也取得了巨大的成就和突破。中阿双方的关系亦升级为彼此信赖的战略合作伙伴。进入"十三五"阶段以来，中国积极邀请阿拉伯国家合作共建"一带一路"。在该倡议框架下，中阿双方努力夯实双边战略合作的各项基础，将能源、金融、经贸作为"引擎"，使得合作的形式、内容以及局面取得了长足的发展和新的突破。在共同推动下，中阿双方"全面合作、共同发展"的战略合作关系迈上了新台阶[1]。在此基础上，党的十九大报告中提出"人类命运共同体"。本文在回顾中阿合作论坛的基础上，展望新形势下中阿

---

* 张康龙，中国矿业大学银川学院国际教育学院院长。主要研究方向为跨文化交流与中外高等教育。

合作论坛的新使命和中阿共建"一带一路",深化战略合作,实现"全面合作、共同发展"的美好未来。

关键词: 中阿合作论坛　合作　"一带一路"

一　中阿合作论坛历史回顾

中阿合作历史悠久,在"一带一路"框架下,双方不断努力,合作得以稳步推进。中阿合作论坛成立以来,不仅推动了双方合作关系的升级、优化,而且在机制层面为中阿合作提供了相应的保障。

2004年1月30日,中国国家主席胡锦涛访问埃及,访问期间,胡锦涛主席在埃及首都开罗与阿盟秘书长穆萨、阿盟22个成员国的代表等人举行会谈,会谈中,他首次提出了建立中阿新型伙伴关系的原则。会谈当天,时任中国外交部部长李肇星与阿盟秘书长穆萨共同在阿盟总部对外公布"中国-阿拉伯国家合作论坛"正式成立。

此后,"中国-阿拉伯国家合作论坛"(简称"中阿合作论坛")成为中阿之间互惠互利、共同发展的新平台。

截至2017年,"中国-阿拉伯国家合作论坛"已举行八届部长级会议,论坛合作机制有序运行。

论坛的成立在已有的中阿合作机制基础上,进一步丰富、拓展了中阿关系的外延和内涵,也从机制保障的角度巩固了中阿双方的政治互信、文明互鉴。

(一)首届中阿合作论坛

2004年9月14日,"中国-阿拉伯国家合作论坛"首届部长级会议在阿盟总部举行。会议产生了《中国-阿拉伯国家合作论坛宣言》《中国-阿拉伯国家合作论坛行动计划》两个标志性合作文件。"中国-阿拉伯国家合作论坛"也自此正式启动。

（二）第二届中阿合作论坛

2006年5月31日,"中国-阿拉伯国家合作论坛"第二届部长级会议在中国举行。这是中国（北京）首次举办中阿合作论坛部长级会议。会议的主要议题为"建立中阿新型伙伴关系"。会议期间，中阿双方签署了四项主要的合作文件，中阿双方在政治、能源、人力资源和环保等领域的合作机制方面达成共识，致力于共同推动这些领域的合作。

（三）第三届中阿合作论坛

2008年5月21日,"中国-阿拉伯国家合作论坛"第三届部长级会议在巴林举行。该届会议以投资为主要议题，会议主题为"面向实现和平与可持续发展的中阿新型伙伴关系"。

（四）第四届中阿合作论坛

2010年5月13日,"中国-阿拉伯国家合作论坛"第四届部长级会议在中国（天津）举行。会议上阿盟22国的部长和中国代表就基于论坛框架达成全面合作、共同发展的战略合作关系达成一致意见，随即签署了三项旨在促进共同发展的合作计划。

（五）第五届中阿合作论坛

2012年5月31日,"中国-阿拉伯国家合作论坛"第五届部长级会议在突尼斯举行。阿盟秘书长阿拉比、突尼斯外交部长阿卜杜赛拉姆、中国外交部长杨洁篪以及阿拉伯国家的20名部长级代表也参加了大会。该次会议的主题为"深化战略合作，促进共同发展"。会上，双方就双边关系及共同关心的重大问题深入探讨。会后，中阿双方签署了工业、卫生等领域的具体谅解备忘录。

（六）第六届中阿合作论坛

2014年6月5日,"中国-阿拉伯国家合作论坛"第六届部长级会议在中国（北京）举行。参会的阿拉伯各国代表团团长与中国国家主席习近平举行会面。阿盟轮值主席国科威特首相贾比尔出席大会开幕式。20余名阿拉伯国家部长级代表、阿盟秘书长出席，中国外交部部长作为主办方部长出席。会议总结了论坛成立以来十年间中阿双边关系发展的成功经验，规划了下一个十年中阿关系的建设方向，并制定出未来论坛发展的目标和具体任务。会议最后签署了多项领域继续深化合作的文件。

（七）第七届中阿合作论坛

2016年5月12日，"中国－阿拉伯国家合作论坛"第七届部长级会议在卡塔尔举行。包括20余名阿拉伯国家的部长级代表和中方商、文、贸代表出席会议。卡中国家元首分别向大会致贺信。会议主要讨论了"共建'一带一路'，深化中阿战略合作"的议题，就中阿关系的发展和中阿合作论坛的进一步建设达成了普遍的共识。此外，就一些地区的形势热点问题深入地交换了意见，里程碑意义的《多哈宣言》就此产生，并且通过签署新的"行动指导"，划定了中阿双方更多领域的深化、细化合作。

二 中阿合作论坛概况

中阿合作论坛的宗旨：加强对话与合作、促进和平与发展。

中阿合作论坛成员：中国和阿盟22个成员国（约旦、阿联酋、巴林、突尼斯、阿尔及利亚、吉布提、沙特、苏丹、索马里、伊拉克、阿曼、巴勒斯坦、卡塔尔、科摩罗、科威特、黎巴嫩、利比亚、埃及、摩洛哥、毛里塔尼亚、也门、叙利亚）。[①]

中阿合作论坛机制：①中阿合作论坛将部长级会议作为长期机制，由阿盟秘书长和各国外长组成。②每年由中阿双方轮流承办召开高官委员会例

---

① 《中国－阿拉伯国家合作论坛（China-Arab States Cooperation Forum）》，中华人民共和国外交部，https://www.fmprc.gov.cn/web/gjhdq_676201/gjhdqzz_681964/zalt_682806/jbqk_682808/，2018年8月20日。

会。会议主要负责部长级会议的筹备并落实各项决议，同时举行中国和阿拉伯联盟集体政治磋商。[①] ③除部长级会议和高官会外，论坛框架下逐步形成了中阿企业家大会、中阿友好大会、中阿互办文化节等机制。机制下的所有大会、节日在中国或阿拉伯国家每两年轮流举行一次。[②] ④论坛在中国驻埃及大使馆设中方联络组，在阿拉伯驻华使节委员会和阿盟驻华代表处设阿方联络点，联络组主要负责为中阿双方在需求事务上提供快速、有效的联络，并作为具体单位落实中阿合作论坛部长级会议的各项决议。[③]

三　中阿合作论坛的主要成果

中阿合作论坛的成立在政治和经济领域促进了中国与阿拉伯国家之间的互信、合作以及其他领域的互利共赢。14年来，在中阿双方的协同努力下，"中国－阿拉伯国家合作论坛"不断发展，中阿友好合作指导下的各领域多元的交流活动与合作项目，已成为目前涉及行业、群体最广泛的国际社会主流合作平台。从首届中阿合作论坛部长级会议的成功召开到第八届部长级会议在北京圆满举行，中阿双方在政治、经济、文化、教育等众多领域的合作不断取得新的成就。[④] 中阿合作论坛是中阿共同高度认可的重要平台，不仅能够增强互信、增进了解、加深理解，而且更重要的是加强合作。如今的论坛，已升华为当今世界双边、多边合作的典范，其代表性贡献体现在促进了同一框架下共同发展的"命运共同体"的共同进步，并切实推动了中阿共同繁荣。

中阿双方共同恪守《中国－阿拉伯国家合作论坛宣言》和《中国－阿

[①] 穆罕默德·努曼·贾拉勒、包澄章：《"中阿合作论坛"的成就、挑战与前景》，《阿拉伯世界研究》2014年第1期。

[②] 穆罕默德·努曼·贾拉勒、包澄章：《"中阿合作论坛"的成就、挑战与前景》，《阿拉伯世界研究》2014年第1期。

[③] 穆罕默德·努曼·贾拉勒、包澄章：《"中阿合作论坛"的成就、挑战与前景》，《阿拉伯世界研究》2014年第1期。

[④] 蒋静飞：《中阿合作论坛与21世纪中阿关系研究》，上海外国语大学博士学位论文，2018。

拉伯国家合作论坛行动计划》，在论坛框架指导下务实合作，在成功的合作基础上不断加强合作，合作的领域也向纵深拓展，各领域合作成果显著。

中阿合作论坛各届部长级会议的成功召开带动和敦促了中阿政治、经济、能源、自然资源和环境保护、农业、旅游、人力资源开发、知识产权、文化、文明对话、教育和科研、科技、医疗卫生、新闻出版与广播影视以及民间合作等15个重要领域开展深入合作。

部长级会议使得双方为"全面合作、共同发展、面向未来的中阿战略伙伴关系"打下了坚实的基础。

（一）新型伙伴关系

首届部长级会议最主要的议题为"如何进一步发展新时期中阿关系"和"如何建设好论坛和论坛下一步行动"。各国部长就此展开深入讨论后，在首届中阿合作论坛部长级会议上通过了《中国－阿拉伯国家合作论坛宣言》和《中国－阿拉伯国家合作论坛行动计划》两个指导性重要文件，倡议性提出了"建立平等、全面的中阿新型伙伴关系"。中阿双方据此将"双边合作关系"升级为"新型伙伴关系"。双方除传统意义上的政治、经济和军事领域的合作关系，"新型伙伴关系"覆盖了之前未能全面涉及的能源、文化、教育、扶贫等领域的合作，且辅以"新型伙伴关系"的保障机制，从根本上保障了论坛《行动计划》的贯彻、执行。此外，大会还建立了"中阿定期磋商"机制，从信息上保障了中阿双方沟通的通畅，从而在面对全球性问题所带来的各种严峻的挑战时，确保中阿双方及时沟通、共同面对，从而能够从容应对。

（二）战略伙伴关系

第八届部长级会议从格局上再次全面升华了中阿关系，成为"战略伙伴关系"。会议上确定了新的关系格局，中国国家主席习近平发表重要讲话，宣示了中国对阿拉伯国家所持有的重要政策，肯定了"战略伙伴关系"是中阿关系顺应时代发展的结果，也预示着中国与阿拉伯国家将开启深入全面合作的新篇章。第八届部长级会议，对中阿双方而言都具有重要的里程碑意义。

四　中阿合作论坛影响力分析

自2004年成立以来，中阿合作论坛始终坚持其"加强对话与合作、促进和平与发展"的宗旨，以强化自身建设、完善自身机制为己任，坚持长足合作、共同发展。在平等互利的基础上，中阿合作论坛发展成为中阿务实合作的重要平台，有效地推动了双方集体对话的形式和内容迈上新台阶，拓展了中阿战略合作的领域，推动了中阿集体合作的局面形成、升级，引领中阿关系健康良性发展成为"战略伙伴关系"。

其合作领域由少变多，其合作机制也发展到十余项。论坛不断为中阿双方合作注入新的动力，成为21世纪中阿合作升级不可替代的强大引擎，实现了中阿关系在双边与多边领域的双轮驱动，保持了高位运行和高速发展的良好局面，有效推动了中阿全方位、多领域的务实合作。近年来，中阿双方高层交往日益密切，政治互信不断增强，经贸往来日趋频繁，能源合作逐步扩大，各领域合作成果显著，影响力逐年提升。

（一）中阿合作论坛是共建"一带一路"的有效对接

中国和阿拉伯国家不仅仅是古丝绸之路的共同缔造者，也是参与者。从古丝绸之路开始，双方携手至今，继往开来地共建"一带一路"。目前，有9个阿拉伯国家与中国签署了共建"一带一路"的协议，诸多领域的合作、开发、共赢已取得发展和进步。中阿合作论坛已成为新时代共商、共建、共享的合作平台，为中阿共建"一带一路"发挥重要作用。

论坛不仅符合中阿双方深化各自内部改革的需要，而且为中阿双方的集体合作和整体关系发展提供了平台。中国改革所取得的丰富的发展经验值得分享，阿拉伯国家在金融市场改革、平衡投资与贸易、扶持中小企业发展等方面进行的有益探索也值得中国学习、参考。

（二）中阿合作论坛是促进中东和平发展的重要推手

中东地区局势时有动荡，中东人民迫切需要的是和平，中东各国的紧迫任务是谋求和平、破解发展难题。

中国国家主席习近平在第八届"中国－阿拉伯国家合作论坛"开幕式上提出，将结合中东面临的突出问题和各方需求阐明"中国方案"，"中方愿与阿方携手努力，共同促进中东和平与发展，努力打造中阿命运共同体，进而为推动构建人类命运共同体做出更大贡献"。

中阿合作论坛回应了中东人民追求和平、期盼发展的愿望，是一条能够推动中东地区全面振兴的新途径。习近平主席在大会上的发言"发展是解决中东许多治理问题的钥匙。发展的潜力要通过改革来释放，进步的动力要通过开放来提升"，就是中国想要在地区和平与发展上发挥作用的决心所在。中国改革开放的成功经验主要在于推动地区与全球治理，阿拉伯国家处于转型发展期，急需对中国经验的借鉴，对"中国方案"的消化。换言之，中国作为阿拉伯国家的命运共同体，有责任和义务推进中东治理、引领中东国家改革发展方向。

（三）中阿合作论坛是文化交流的重要平台

中阿合作论坛在机制上，为古老丝路文明的传承，当代中阿文明的交流、互鉴，中阿人民智慧结晶的分享提供了平台。论坛框架下成立了中阿新闻交流中心、中阿电子图书馆门户网站项目，也举办了多届"阿拉伯艺术节"。

（四）中阿合作论坛是推动能源合作开发方式变革的途径

中国除了与阿拉伯国家在其能源产业上的传统合作，如油气行业，也开始着眼于阿拉伯国家共同开发低碳能源。此外，中国还着力提升在海洋公共服务能力上发挥的作用，在已有的石油、天然气勘探、开采、炼化、储运等全产业链的合作外，还响应绿色低碳产业发展需求，用资金和技术可持续地发展和利用核能、太阳能、风能、水电，并将相应领域的技术输出给阿拉伯国家，共同构建油气、核能、清洁能源三位一体的中阿能源合作新模式，打造互惠互利、长期友好的中阿战略合作关系。

（五）中阿合作论坛是融通中阿资本的关键渠道

中国不仅支持国内的金融、证券、投资机构与阿拉伯国家相关领域合作，而且致力于打造一个立足海湾、辐射中东北非、吸收全球投资者的国际交易平台，服务"一带一路"建设。

在2018年7月12日，中国-阿拉伯国家银行联合体正式成立，成员各国代表共同签署了《关于中国-阿拉伯银行联合体成立宣言》。埃及、黎巴嫩、摩洛哥、阿联酋等国的国家和区域性的主流银行积极响应参加，与中国国家开发银行共同成为创始成员。中国专门配备30亿美元金融合作专项贷款。

中国主动提出了与海湾阿拉伯国家成立合作委员会的要求，也对在巴勒斯坦共建自由贸易区事宜进行了初步谈判，这是中国愿意与更多更广泛的阿拉伯国家进行自由贸易，在论坛框架内深化合作的有益探索和良好愿景。阿拉伯各国也积极响应，并与中国共同努力。

五　中阿合作论坛前景展望

回顾中阿合作论坛14年来取得的巨大成就，尤其是第八届部长级会议的成功召开，为推动中阿双方构建新型国际关系，共同建设命运共同体，在"一带一路"框架下不断深化各领域的务实合作，推动中阿战略伙伴关系向前发展指明了发展方向、制定了行动指南、规划了宏伟蓝图。

基于对中阿合作论坛的历程和丰硕成果的回顾与分析，展望中阿合作论坛的美好未来。展望取决于三大要素：一是中阿合作论坛自成立以来双边关系的发展；二是中阿双方目前的发展基础和已经取得的成就；三是能够促进中阿双方进一步深化合作的思考和展望。

中国与阿拉伯国家是共建"一带一路"的天然合作伙伴。"一带一路"

倡议与阿拉伯国家发展的实际需要高度契合，这是阿拉伯国家对中阿合作和"一带一路"有着强烈积极性的根本原因。

基于首个十年成果、现有潜力与未来合作需求的考虑上，笔者对促进和深化中阿合作提出以下思考和建议。

（一）中国发挥更大的影响

中国在当今国际政治舞台上的地位已经从边缘走到了中心，而且会发挥越来越多、越来越大的作用。中国应充分发挥政治独立作用，成为具有独立政治意愿的主权国家。而阿拉伯国家的局势和国际形势决定了其对中国这样一个坚持原则的国家有着强烈的政治互信需求。中国在"一带一路"这一倡议的框架下，必将成为当今世界的主流国家，在应对地区问题、热点问题和世界范围内的难题时，必将发挥重要的作用。

（二）中、阿开辟合作新途径

中国必将坚持一贯以来的互利共赢式共同发展思路，以此为基础进行的经济发展是稳定且有借鉴意义的，从实践成果上、经验上，能够为阿拉伯国家的工业发展提供帮助，从而协助阿拉伯国家发展经济。中国的大国引领作用在国际舞台上也日趋显著。这种积极的引领和协助作用，对于作为发展中国家的多数阿拉伯国家而言，不仅是中国经验分享、中国技术输出，而且是对中国技术本土化消化后的深入发展，是反哺中国出口、中国技术、中国经济的双赢发展机遇。

（三）中国从各种角度支持和协助阿拉伯国家特别是中东地区阿拉伯国家的和平稳定、谋求发展

现阶段的阿拉伯国家安全级别有高有低，科技力量的不足也是另一个限制发展的因素。内忧外患之下，多数主流国家袖手旁观、坐收渔利，都会让中东地区的稳定、和平、发展遥遥无期，而中国，愿意也有能力为阿拉伯国家提供智力支撑和技术支持。

（四）中阿合作机制创新

中国在阿拉伯国家的投资活动应在合作论坛的框架指导之下大胆开拓创新，除了已有的能源领域合作，也更多地应该在知识、技术、产业等领域，以及日趋成熟的新能源和可再生能源行业进行投资和生产建设。阿拉伯国家得天独厚的地理位置、气候条件，还有其能源优势，但是并非可持续发展的优势，故而，除了传统合作之外，中阿之间应该也必将寻求双方投资领域的深化、细化的创新机制。

（五）进一步深化中阿文明对话

通过讨论共同利益、价值观，已经部分也必将促进中国和阿拉伯国家在论坛框架内解决不同意见、消除误解。

在深化中阿双方之间的文明交流和理解的基础上，论坛必将有效地化解矛盾，平息干戈，引领冲突、矛盾不断的阿拉伯22国为共同利益求同存异。

中阿合作论坛成立至今的14年，是机制日趋完善、成熟的14年，是努力搭建并完善中阿政治、贸易、能源及金融合作平台的14年，是促进中东地区稳定，为中东人民谋求和平与发展的14年，中国的改革开放经过时代的检验，以其独特的模式被阿拉伯世界广泛关注。

总之，中阿合作论坛在未来，将对全球化的重要问题提供宝贵经验。论坛已经也必将持续地为中阿双方在全球化背景下开展新型国际合作提供示范。

Abstract

Report on Sino – Arab Cultural Communication Development (2018) is the second annual report on cultural communication of "The Belt and Road" Initiative. Authors of the reports are scholars from Zhejiang Normal University, Beijing Normal University, Sichuan Normal University, Ningxia University, Northwest Minzu University, China University of Mining and Technology Yinchuan College and other institutions.

The book on Sino – Arab cultural communication consists of eleven reports, including one general report, nine subject reports and one special report, which presents an objective and detailed analysis of Sino – Arab cultural communication from different fields and puts forwards some suggestions on the development of the bilateral cultural communication and fields for new exploration.

Sino – Arab cultural communication in the new era has promoted their partnership featuring mutual respect, extensive exchanges, in-depth cooperation, mutual benefit and common development. Sino – Arab communication in 2017 developed well, with significant progress in the exchanges of various fields, improving exchange effects and expansive application of new media and high technology. Besides, the study finds that there exist a few problems or obstacles in the current cultural exchanges between China and Arab countries. For example, the nongovernmental communication of culture and tourism is relatively weak, and the press communication relies heavily on the third-party languages. With the further implementation of China's "The Belt and Road" Initiative, Sino – Arab cultural communication in the future will be oriented to cultural fusion and people-to-people ties. Cultural exchanges on the new media and technologies will also open up new prospects for Sino – Arab cultural communication.

Combining the methods of literature review with investigation and statistical analysis, the book presents an in-depth analysis and discussion on the hot issues and important aspects of Sino – Arab cultural communication, such as economy and trade, science and technology, literature and art, academic research, publishing, radio, film and television, sports, tourism, diet and so on. Focusing on the existing problems and obstacles, it gives the feasible suggestions that may provide academic support and decision-making reference for harmoniously promoting the in-depth development of Sino – Arab cultural exchanges.

Contents

I General Report

Review of Sino－Arab Cultural Communication

Huang Jinlei, Wang Hui / 001

Abstract: Cultural communication is an important part of China's foreign relation work and an irreplaceable window of China's opening to the outside world. Cultural communication between China and Arab countries is an important part of China's diplomacy. Since the 21st century, China－Arab cultural communication has become increasingly active and yielded fruitful results. This paper briefly summarizes the achievements, characteristics and problems in cultural communication between China and Arab countries since 2017. In the background of jointly implementing the "the Belt and Road" Initiative and building the "Community of a Shared Future" between China and Arab countries, the cultural exchanges between the two sides not only have broad development prospects, but also have great practical significance in consolidating and deepening the ties between China and Arab countries.

Keywords: Sino－Arab cultural communication; achievements; characteristics; problems

Contents

II Subject Reports

Report on Development of Sino – Arab Economic and

Trade Communication　　　　　　　　　　　　　*Zhao Hua* / 020

Abstract: The communication between China and Arab countries and regions has been long-standing and well-established, which has built close partnerships in politics, economics, trades, cultures, academics, and education of both sides. Both Forum on China – Arab Cooperation and "The Belt and The Road" Initiative have brought new opportunities for leaps and bounds of development of Sino – Arab economic and trade communication. Centering on the economic and trade exchanges of both sides, this paper mainly reviews the status quo; analyses characteristics; concludes problems in relevant areas from 2012 to July in 2018; and then proposes some solutions and measures.

Keywords: China; Arab Nations and Regions; Sino – Arab Economic and Trade Communication

Report on Development of Sino – Arab Scientific and

Technological Communication　　　　　　　　　*Tang Linlin* / 039

Abstract: In 2017, extensive scientific and technological exchanges and cooperation between China and Arab countries have been expanding into many fields, from aerospace to cooperation to infrastructure, from civilian nuclear energy to productivity, from agriculture, energy to scientific and technological innovation. Sino – African cooperation on science and technology has been accelerating since the implementation of "The Belt and Road" Initiative, which is led by governments with multilateral participation, and the cooperation becomes more active and practical under the increasing mature of top level design, including frequent high-level visit and exchanges. But the overall level of science and technology between China and Arabic countries develops in monotonus form and lies in low level. Sino – Arabic scientific and technological innovation remains insufficient. Though the macro strategy is clear, the supporting policies and services are not clear or completed. In the future, both China and Arabic countries should not only build non-government communication mechanisms to deepen cultural exchanges, but cultivate professional talents to promote scientific and technological innovation. Under the guidance of the top-level design, the supporting policy and service supporting system should be further strengthened.

Keywords: "The Belt and Road"; Sino – Arab; science and technology co-operation

Report on the Development of Sino – Arab Entertainment and Art Communication
Huang Jinlei / 062

Abstract: In 2017, cooperation between China and Arab countries in the field of art communication keeps booming. Compared with previous years, the number of Arab countries participating in the interaction has obviously increased, and the number, scale and level of activities have also been significantly boosted; the types of activities involved are more varied, and the activities tending to be constant and serialized, and have been guaranteed by a series of agreements and plans between China and Arab countries. Meanwhile, China – Arab communications in art are facing three problems. Specifically, the contents of the activities are not updated enough; the channels and levels of communication are relatively not diversified enough yet; and the communication is disturbed by Western media's negative opinions. Therefore, the up-datedness of the style and content of art, the diversification of levels and the quality of works should be stressed in the future China – Arab communication in art.

Keywords: Sino – Arab entertainment and art communication; up-datedness; diversification; quality

Report on Development of Sino－Arab Academic Communication

Zhang Yuanyuan / 083

Abstract: In 2017, Sino－Arab academic exchanges have made great development, mainly in the following two aspects: At first, important academic activities are frequent, both at home and abroad on internet of agricultural things, alcohol-free grape drinks, halal meat products, water-saving agriculture, potato seedlings cultivation, integrated pest management, satellite navigation, new energy and other key areas relating to organizing academic activities and implementation of a batch of Sino－Arab cooperation projects of science and technology; Secondly, scientific research institutions, colleges and universities, enterprises at all levels set up their own network platforms such as cloud computing and big data. On cloud base and digital construction, together with the Arab countries, China built a batch of Internet, mobile Internet, smart city, demonstration projects on public services and technical cooperation, hosting application and demonstration projects exhibition, and promoting successful experiences. With the Belt and Road Initiative was deepened, China－Arab countries ushered in the new cooperation opportunity. In more areas and levels, in-depth dialogue and exchanges have been carried out, with an open, inclusive, and complementary development for a common goal.

Keywords: Sino－Arab Academic Communication; China－Arab States Expo; The Belt and Road Initiative; Production－Study－Research Cooperation

Report on Development of Sino－Arab Press Communication

Zhou Xue / 103

Abstract: Press Communication is an important medium for cultural exchanges between China and Arab countries. It is an important platform for the exchange of soft power in culture. The development of the "The Belt and Road" initiative and the need to "Tell China Stories Well" jointly promote the efficient development of Sino – Arab press cultural exchanges. In recent years, press cultural exchanges between China and Arab countries have gained lots of attentions and been recognized around the whole society and have made a good start. This report has interpreted the connotation of press cultural exchange, sorting out the cooperation and exchanges between China and Arab countries in press culture from 2017 until now. It also analyzes the existing organizational structure, media language, delivery and distribution of Sino – Arab press culture. Meanwhile, it releases the feasibility recommendations in the optimization of cooperation, personnel training, mechanism establishment, scientific and technological assistance and other aspects related to press communication between China and Arab countries.

Keywords: Press culture; Sino – Arab cultural exchanges; The Belt and Road

Report on Development of Sino – Arab Radio, Film and Television Communication　　　　　　　　　　*Zhang Yongqun* / 117

Abstract: "The Belt And Road Initiative" brings important opportunities for the cultural exchange between China and Arab countries. At the beginning of 2017, the Ministry of Culture's "The Belt And Road" action plan for cultural development (2016 –2020) was released, and there are 13 Arab countries along "The Belt And Road" route. Within this framework, cultural exchanges and cooperation between China and Arab countries are moving steadily toward normalization and standardization. As an important part of China – Arab cultural exchange and cooperation, the communication and cooperation between China and Arab countries in the field of radio, film and television also shows this trend. From 2012 to 2016, China and Arab countries have made great progress in exchanges and cooperation in this field. The level of cooperation has been continuously enhanced, the influence has been continuously expanded, and the content has been constantly enriched and expanded. Based on the three media modes of radio, film and television, this paper briefly reviews the general situation of China – Arab radio, film and television exchanges and cooperation between 2012 and 2016, and then summarizes the general situation of China – Arab radio, film and television exchanges and cooperation in 2017 on this basis, and analyzes the characteristics and trends.

Keywords: China and Arab countries; Radio film and television exchanges; The Belt And Road

Report on Development of Sino – Arab Sports Culture
Communication　　　　　　　　　　　　　　　　*Zhu Rui* / 132

Abstract: The communication of sports culture between China and Arab countries is an important part of building a community of shared future. Based on the current communication of sports culture between China and Arab countries in 2017, this paper holds the view that the communication of sports culture has three characteristics, including the tendency of being more bilateral in dominant fields, the exploration and simultaneous reform, and the profound changes in the forms and contents of sports assistance. This paper also analyzes the problem existing in the communication of sports culture between China and Arab countries, the inability to cover all Arab countries. Finally, this paper works out the solution to the above problem, expanding more approaches to develop communication, which will provide a proof of prejudgment and references for the future cultural communication between China and Arab countries.

Keywords: communication of sports culture; China and Arab countries; being bilateral; expanding approaches

Report on Sino – Arab Tourism and Cultural Exchanges
　　　　　　　　　　　　　　　　　　　　　　Zhou Jinyou / 146

Abstract: Since the "One Belt and One Road" initiative was put forward,

China and Arabian countries have made effective efforts in tourism and cultural exchanges and their cooperation. In 2017, the two sides further promoted cooperation in tourism and cultural exchanges, such as further deep ploughing of official and non-governmental cooperation and exchanges, increasingly diversified industrial contents, and fruitful cooperation in the humanities field, etc. In addition, this paper will analyze the reasons for promoting the development of Sino – Arab tourism and cultural exchanges and their cooperation, and then put forward a couple of suggestions on how to further promote the development of Sino – Arab tourism and cultural exchanges.

Keywords: One Belt and One Road; Arabian Countries; Sino – Arab tourism and cultural exchanges

Report on Development of Sino – Arab Diet Culture Communication *Meng Haiyan* / 162

Abstract: China and the Arab countries are natural partners of "The Belt and Road" Initiative. The scale of pragmatic cooperation between the two sides on this platform has continued to grow, and the activities of diet cultural exchange between China and the Arab countries have also become increasingly abundant. With the follow-up development of related industries such as catering industry and tourism industry, the Sino – Arab diet culture should be developed via the exchanges and cooperation in the agriculture field, to strengthen and regulate the food export of agricultural products through the China – Arab States Agricultural Cooperation Forum. In order to further develop the diet culture communication with Arab countries, based on the needs of China and Arab countries, China should continue to innovate the service forms and contents of the food industry, as well as building actively the bridge for Chinese enterprises "going globalized" and the enterprises in Arab countries even countries around the world "walking into China" for more possibilities.

Keywords: Arab countries; diet culture; food exports; innovative services

III Special Report

Review and Prospects of China – Arab States Cooperation Forum

Zhang Kanglong / 181

Abstract: Since the establishment of the China – Arab States Cooperation Forum in 2004, China – Arab States Cooperation Forum has played an important role in deepening strategic cooperation between China and Arab States in various fields and made great achievements and breakthroughs. China – Arab relations have also been upgraded to strategic partners with mutual trust. Since China entered the 13th five-year plan period, China has actively invited Arab countries to build "One Belt And One Road" together. Under the framework of the initiative of "One Belt And One Road", China and Arab countries have worked hard to consolidate the foundation of bilateral strategic cooperation, taking energy, finance and economy and trade as "engines", and made significant progress and breakthroughs in the form, content and situation of cooperation. With the joint promotion, the strategic cooperative relations of "comprehensive cooperation and common development" between China and Arab countries have reached a new level. On this basis, the 19th CPC report put forward " a community of Shared future for mankind". This paper, on the basis of reviewing China – Arab States Cooperation Forum, looks forward to the new mission of China – Arab cooperation States Cooperation Forum in the new situation and the joint construction of "One Belt And One Road" between China and Arab countries, in order to deepen strategic cooperation and realize the glorious future of "comprehensive cooperation and common development".

Keywords: China – Arab States Cooperation Forum; cooperation; "One Belt and One Road"

图书在版编目(CIP)数据

中阿文化交流发展报告.2018 / 王辉主编. -- 北京：社会科学文献出版社，2019.3
ISBN 978-7-5201-4288-5

Ⅰ.①中… Ⅱ.①王… Ⅲ.①文化交流-研究报告-中国、阿拉伯半岛地区-2018 Ⅳ.①G125

中国版本图书馆CIP数据核字（2019）第028258号

中阿文化交流发展报告（2018）

主　　编 / 王　辉
副 主 编 / 周　雪

出 版 人 / 谢寿光
责任编辑 / 孙以年　李建廷

出　　版 / 社会科学文献出版社·人文分社 （010）59367215
　　　　　　地址：北京市北三环中路甲29号院华龙大厦　邮编：100029
　　　　　　网址：www.ssap.com.cn
发　　行 / 市场营销中心 （010）59367081　59367083
印　　装 / 三河市龙林印务有限公司

规　　格 / 开　本：787mm×1092mm　1/16
　　　　　　印　张：13.25　字　数：200千字
版　　次 / 2019年3月第1版　2019年3月第1次印刷
书　　号 / ISBN 978-7-5201-4288-5
定　　价 / 98.00元

本书如有印装质量问题，请与读者服务中心（010-59367028）联系

版权所有 翻印必究